한국어 특강 3

문법과 문법 교육

한국어 특강 3

문법과
문법 교육

신현숙

푸른사상
PRUNSASANG

『한국어 특강 3: 문법과 문법 교육』을 펴내면서

　이 책에서는 한국어 교육 현장에서 활용할 수 있는 한국어 문법 정보와 문법 교수·학습 내용을 명시적으로 제공하는 데 목표를 두고자 한다. 특히 2012년 고시된 교육과정을 바탕으로 다양한 언어형식과 표현에서 나타나는 언어 현상과 규칙을 밝히는 데 목표를 둔다.

　문법과 문법 교육의 범위는 학자에 따라서 또는 교재에 따라서 그 폭과 깊이가 다르다. 이 책에서는 문법 교육 현장에서 활용할 수 있는 통사 정보와 의미 정보에 초점을 맞춘다. 한편 국어 교사와 한국어 교원은 물론 한국어 고급 학습자가 참고하고 활용할 수 있는 문법 정보와 교수·학습 내용을 구성하는 데 초점을 맞춘다.

　이 책은 4부로 구성한다. 1부에서는 언어와 문법에 대한 기초 정보를 제공하고, 2부에서는 단어, 품사, 어휘, 문장 등에 대한 통사 정보와 의미 정보를 제공한다. 3부에서는 다양한 표현 방법과 문법 요소에 대한 통사 정보와 의미 정보를 제공한다. 끝으로 4부에서는 매체 언어, 남북한 언어정책, 한국어 세계화에 관한 정보를 제공한다.

　문법 정보와 교수·학습 내용을 쉽게 이해할 수 있도록 다음과 같이 정리한다.

- ○ 문법 정보는 가능하면 〈표〉를 활용하여 제공한다.
- ○ 용어와 개념은 2012년 고시된 교육과정과 사전류를 참고하여 정리한다.
- ○ 자료, 예문, 보기 등은 한국어 사회에서 쉽게 찾을 수 있는 것을 활용한다.
- ○ 다양한 언어 현상에 대한 관심을 높이기 위하여 다양한 자료를 활용한다.
- ○ 창의성과 탐구 능력을 키울 수 있는 다양한 토론 주제와 문제를 제시한다.
- ○ 자료에 나오는 사람 이름은 {현수/송이/창이}로 제한한다.
- ○ 비문법적인 형식이나 표현 앞에는 부호 (*)를 표기한다.
- ○ 자연스럽지 않은 형식이나 표현 앞에는 부호 (?)를 표기한다.

이 책에서 제공하는 정보는 〈현대문법교육론〉 강의 자료와 토론 주제를 바탕으로 구축한다. 그동안 강의와 토론에 참여하여 좋은 정보를 제공해 준 김영란 교수, 박건숙 교수, 기준성 교수와 의미 있는 질문으로 토론을 이끌어 준 학생들에게 깊은 감사의 뜻을 전한다.

〈한국어 특강 3: 문법과 문법 교육〉이, 한국어 현상과 규칙에 대한 학습자의 관심과 흥미를 높이고, 한국어를 교수·학습하는 교육 현장과 한국어를 연구하는 연구 현장에서 적극 활용되기를 기대한다. 끝으로 이 책에 담지 못한 한국어 문법 정보와 문법 교육 정보는 앞으로 계속 보완할 것을 약속한다.

2014년 2월 14일
지은이

제1부 언어와 문법

1장   언어와 문법의 이해

2장   문법 교육의 이해

제2부 단어 · 품사 · 어휘 · 문장

3장 단어와 단어 교육

4장 품사와 품사 교육

5장 어휘와 어휘 교육

6장 문장과 문장 교육

제3부 표현과 기능 · 의미

7장　표현 범주와 문법 요소

8장　의미와 의미 교육

9장　담화와 담화 교육

제4부 한국어 문법 정보의 활용

10장 매체 언어와 문법

11장 통일 시대와 한국어

12장 세계화 시대와 한국어

제1부

언어와 문법

1장

언어와 문법의 이해

—

01. 인간과 언어

◆ 인간은 다양한 목적을 달성하기 위하여 언어를 사용한다. 예를 들면 다음과 같다.

- 인간은 자신의 생각과 감정을 표현하기 위하여 언어를 사용한다.
- 인간은 언어를 통하여 다른 사람의 생각과 감정을 이해한다.
- 인간은 지식과 정보를 구축하고 전달하고 계승하기 위하여 언어를 사용한다.
- 인간은 개인 또는 집단과 의사소통을 하기 위하여 언어를 사용한다.

◆ 언어 연구는 인간을 이해하는 데 중요한 역할을 한다. 동물, 특히 고릴라나 원숭이도 인간처럼 지적 능력이 있지만, 생각과 감정을 교환할 수 있는 구체적인 신호 체계는 없다. 반면에 '말'은 인간의 의사소통을 위하여 생물학적으로 주어진 신호 체계이다. 이런 점에서 언어능력은 인간만이 가지고 있는 능력이기 때문에 언어 연구를 통하여 인간의 특성을 이해할 수 있다.

◆ 언어 연구는 사회 · 문화를 이해하는 데 중요한 역할을 한다. 인간은 자신들의 집단 내에서 중요하게 여기는 하나의 관념 *idea*을 언어를 통하여 구체적으로 기호화한다. 하나의 관념을 특정 집단 또는 사회 내에서 단어로 표현하여 어휘에 넣는다는 것은 그만큼 그것을 중요하게 생각한다는 것을 의미한다. 이렇게 표현된 단어를 통하여 그 집단의 사람들은 그 관념을 공유하게 된다. 공유하는 어휘는 사람들을 묶어 주고 이를 바탕으로 공통된 문화를 창조할 수 있기 때문에, 언어 연구를 통하여 특정 집단 또는 사회의 특성을 이해할 수 있다.

◆ 언어는 어떻게 만들어졌느냐에 따라서 자연언어와 인공언어로 나눌 수 있다.

- 자연언어 *natural language* : 자연발생적으로 생성된 언어 : 한국어, 영어, 불어, 중국어 등
- 인공언어 *artificial language* : 인간이 목적을 달성하기 위하여 인위적으로 만든 언어 : 에스페란토 *esperanto*, 인테르링구아 *interlingua*, 우니쉬 *unish*, 한글 등

◆ 언어는 어떤 상징 체계를 사용하느냐에 따라서 음성언어와 문자언어로 나눌 수 있다.

- 음성언어 *spoken language*
  - 인간이 발음기관을 활용하여 생성하는 언어 : 한국어, 중국어, 영어, 불어, 독어, 일어 등
  - 인간의 발음기관을 본떠 만든 인공 발음기관을 활용하여 생성하는 언어 : 인공 구개음
  - 인간의 음성언어를 본떠서 소리를 합성하여 생성하는 인공언어 : 기계합성 언어 (스마트폰의 '시리 *Siri* 또는 'S보이스')

- 문자언어 *written language*
  - 인간이 문자를 활용하여 생성하는 언어 : 한글, 한자, 알파벳, 히라가나, 철자, 숫자 등
  - 인간이 부호를 활용하여 생성하는 언어 : 문장부호, 화살표, 화학기호 등
  - 인간이 그림을 활용하여 생성하는 언어 : 이모티콘, 그림 등

◆ 언어 연구의 중심은 음성언어로 설정한다. 그 이유는 다음과 같다.

- 인간은 음성언어를 문자언어보다 먼저 습득한다.
- 음성언어 사용자가 문자언어 사용자보다 현저하게 많다.
- 음성언어가 없는 민족보다 문자언어가 없는 민족이 현저하게 많다.
- 음성언어의 변화가 문자언어의 변화보다 앞선다.
- 음성언어가 문자언어보다 사용빈도가 현저하게 높다.
- 음성언어는 소리를 매개체로, 문자언어는 문자를 매개체로 사용한다.
- 음성언어는 말하기와 듣기로, 문자언어는 쓰기와 읽기로 언어활동이 이루어진다.

◆ 언어 연구에서는 사회 · 문화적으로 어느 정도 합의하여 사용하고 있는 몸짓언어 *body language*도 다룬다.

- 인간이 신체기관을 활용하여 생성하는 언어
- 인간이 신체기관 전체를 활용하여 생성하는 언어：발레, 무용, 춤 등
- 인간이 신체기관 일부를 활용하여 생성하는 언어：눈짓, 손짓, 발짓, 표정 등
- 인간의 신체기관을 본떠 만든 인공 신체기관을 활용하여 생성하는 언어：로봇의 몸짓

? 자신의 언어 배경에 대한 정보를 적어 보자.

태어난 곳은 어디인가?

성장한 곳은 어디인가?

현재 사는 곳은 어디인가?

처음 배운 언어는 어떤 언어인가?

처음 배운 외국어는 어떤 언어인가?

현재 가장 많이 사용하는 언어는 어떤 언어인가?

현재 사용 가능한 언어는 무엇인가?

앞으로 배우고 싶은 언어는 무엇인가?

? 자신의 언어생활에 대한 정보를 적어 보자.

음성언어는 언제 사용하는가?	· 아침에 엄마가 깨우실 때
문자언어는 언제 사용하는가?	· 수업 내용을 공책에 정리할 때
몸짓언어는 언제 사용하는가?	· 목이 아파서 말을 하기 어려울 때
자신의 생각을 주로 어떻게 표현하는가?	· 친구와 대화할 때는 음성언어로 표현한다.

? 인공언어가 사용된 영화나 드라마를 찾아서 각 언어가 어떻게 만들어
졌는지 알아 보자.

예: 〈아바타 *Avatar*〉(2009)에서 '나비어 *Nàvian*'

02. 의사소통 방법과 언어

◆ 인간은 자신의 생각과 감정을 정확하게 또는 구체적으로 표현하기 위하여 다양한 방법으로 의사소통 *communication*을 한다. 예를 들면 감사의 뜻을 전하기 위하여 다양한 의사소통 방법을 활용하는데, 음성언어나 문자언어를 이용하여 직접적으로 표현하기도 하고 구체적인 행동으로 나타내기도 한다.

- '고맙습니다'라고 말을 한다.
- 카드에 한글로 '고맙습니다!' 영어로 'Thanks a lot!'을 적는다.
- 큰 절을 하거나 눈짓이나 미소로 인사를 한다.
- 예쁜 꽃을 주거나 선물을 한다.
- 점심이나 저녁을 산다.
- 일을 도와주거나 사례금을 준다.

◆ 다양한 의사소통 방법이 있지만 인간은 주로 음성언어를 통하여 자신의 생각과 감정을 표현한다. 문자언어가 없는 언어 사용자도 음성언어로 의사소통을 하고, 문자언어를 학습하지 않은 언어 사용자도 음성언어로 의사소통을 한다. 따라서 학계에서는 음성언어를 1차 언어로 본다. 인간은 특별한 장애가 없는 한 누구나 음성언어로 의사소통을 한다. 한국어 사용자는 누구나 한국어로 의사소통이 가능하다.

◆ 문자언어를 가지고 있는 언어는 매우 제한적이다. 음성언어의 수를 7,000개라고 본다면 문자언어는 300개도 안 된다. 문자언어가 없는 언어도 있고

문자언어를 학습하지 않은 언어 사용자도 있다. 따라서 문자언어 사용자는 음성언어 사용자보다 매우 제한적이다. 따라서 학계에서는 문자언어를 2차 언어로 본다. 문자언어를 사용하지 않는 민족도 있고, 문자언어가 있더라도 문자언어를 학습하지 않아서 사용하지 못하는 화자도 있다. 문자언어는 학습을 하여야 사용할 수 있다. 따라서 한국어 화자는 한글을 배우지 않으면 한글을 사용하여 의사소통을 할 수 없다.

- 한글은 창제 원리와 창제 역사가 밝혀진 문자언어이다. 세계 언어 중에서 이처럼 원리나 역사가 밝혀진 문자언어는 한글이 유일하다. 이를 기념하기 위하여 유네스코 *UNESCO*에서도 '문맹퇴치상'을 제정하고 매년 수상자를 결정하여 수상하고 있다.
- 2013년 에스놀로그에는 살아 있는 언어가 7,105개 등록되어 있다(www. ethnologue.com 참조).

◆ 인간이 태어나서 가장 먼저 습득하는 것은 몸짓언어이다. 얼굴 표정으로 자신의 감정을 표현하기도 하고, 다양한 몸짓으로 자신이 필요한 것을 요구하기도 한다. 옹알이 시기를 거쳐 음성언어를 습득하면서 인간은 몸짓언어를 부차언어로 사용한다. 따라서 몸짓이 중요한 의사소통 방법으로 활용되기도 하고 큰 의미가 없는 의사소통 방법이 되기도 한다. 이러한 몸짓언어는 문화에 따라서 또는 개인에 따라서 다양한 차이가 나타난다. 뿐만 아니라 몸짓이 지시하는 의미나 정보가 문화나 사회 또는 개인에 따라서 달리 나타나기도 한다. 따라서 몸짓언어는 음성언어나 문자언어와는 다르게 규칙이나 체계로 설명하기 어려운 점이 있다.

◆ 의사소통은, 정보가 출처(발신인)에서 도달처(수신인)로 전해지는 일련의 과정이다. 이 과정은 다음과 같은 과정을 포함한다(이기동·신현숙 역, 1998:4 참조).

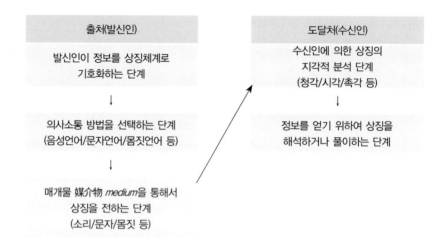

◆ 의사소통을 위해서는 해당 언어형식에 대한 지식이 필요하다. 발음을 비롯하여 단어, 문장, 발화, 담화 층위에 대하여 전반적인 문법 규칙에 대한 문법 지식이 있어야 의사소통이 가능하다. 그러나 의사소통은 화자와 청자의 상호작용이기 때문에, 문법 규칙에 대한 지식뿐만 아니라 주어진 상황에서 누구에게, 무엇을, 어떻게 말하는 것이 적절한지에 대해 이해하고 실행할 수 있는 능력도 함께 필요하다. 곧 문법 규칙에 대한 지식과 함께 사회적으로 적절한 상황에서 사용하는 규칙에 대한 심층적 지식이 수반되어야 올바른 의사소통이 가능하다.

- 친구에게 사용하는 권유 표현 "너 내 선물 안 받으면 다시는 안 본다."
- 친구에게 사용하는 높임 표현 "네, 구구절절 옳으신 말씀이십니다."

■ 상대방에게 강요하거나 부담을 주는 표현은 의사소통에 장애가 된다. 그러나 강요와 부담으로 혜택을 받는 대상이 화자가 아니라 청자인 경우에는 긍정적인 의사소통으로 이해된다. 높임 표현은 상대방을 존중하고 존경하는 마음을 나타내지만, 상황이나 대상에 맞지 않는 높임 표현은 오히려 상대방을 놀리거나 비꼬는 것이 된다. 원활한 의사소통을 위해서는 문법 지식과 사회·문화적 지식이 함께 필요하다.

? 상대방에게 거절을 표시할 때 어떤 방식으로 표현하는지 생각해 보자.

표현 방식
·"싫어", "하지 마"라고 말로 이야기한다. ·말을 하지 않고 침묵한다.

? 자신의 의사소통 방법과 그 특징을 정리해 보자.

방법	특징

? 다른 사람의 의사소통 방법과 그 특징을 정리해 보자.

방법	특징

03. 국어와 한국어

◆ 한국인에게 국어 *national language*와 한국어 *Korean language*는 같은 언어이다. 한편 외국인에게 국어와 한국어는 다른 언어이다. 중국인에게는 중국어가 국어이고 영국인에게는 영어가 국어이다. 따라서 국어와 한국어는 같은 언어를 지시할 수도 있고 다른 언어를 지시할 수도 있다.

◆ 국어와 한국어를 같은 개념으로 사용하는 학자도 있고, 국어와 한국어를 다른 개념으로 사용하는 학자도 있다. 다문화 시대로 변화하면서 국어 교육 현장도 모국어 교육 현장으로만 보기 어렵고, 세계화 시대로 변화하면서 한국어 교육 현장도 외국어 교육 현장으로만 보기 어렵다. 초등교육이나 중등교육 현장에서도 한국어를 모국어로 습득하지 못한 학습자를 만날 수 있고, 한국어 교육 현장에서도 한국어를 모국어처럼 자유롭게 사용하는 학습자를 만날 수 있다. 따라서 국어 교육과 한국어 교육 현장을 아주 다른 교육 현장으로 보는 것은 적절하지 않다. 다문화 시대와 세계화 시대를 고려한다면 국어보다는 한국어라는 용어를 사용하는 것이 적절하다.

◆ 학자에 따라 국어 교육과 한국어 교육 또는 국어 문법과 한국어 문법에 대한 정보나 이해도 다르다. 학습자에 따라서 교수·학습 목표, 내용, 방법만 차이를 둔다는 생각을 하는 학자도 있고, 모국어로 한국어를 배우는 학습자에게는 국어 교육과 국어 문법을 적용하고, 외국어로 한국어를 배우는 학습자에게는 한국어 교육과 한국어 문법을 적용한다는 생각을 하는 학자도 있다. 그러나 학습자에 따라 언어 현상과 규칙이 달라지는 것은 아니므로 국어 문법과 한국어 문법은 같다. 따라서 국어 교육이나 한국어 교육 현

장에서 교수 · 학습하는 문법 또한 같은 정보로 구성되어야 한다.

◆ 모국어는 언어사회 속에서 습득한다. 체계나 규칙을 먼저 배우는 것이 아니라 언어사용을 바탕으로 체계나 규칙을 수립하는 과정을 거친다. 한국 어사회에서 태어나 성장하고 교육을 받는다면 한국어를 모국어로 습득한 다. 그러나 한국어와 영어를 사용하는 가정에서 태어나 이중 언어 교육을 받는다면 한국어와 영어를 모국어로 습득한다. 한국어사회에서 태어나도 일본어사회에서 성장하고 교육을 받는다면 일본어를 모국어로 습득할 수 있고, 중국어사회에서 성장하고 교육을 받는다면 중국어를 모국어로 습득 할 수 있다. 따라서 모국어는 언어 사용자가 가장 편하게 사용할 수 있는 언 어라 할 수 있다. 이에 따라 모국어를 제1언어 *the first language*라 하고 외국 어 *foreign language*를 제2언어 *second language*라 하기도 한다. 지역이나 개인 에 따라서는 여러 언어를 모국어처럼 습득하여 자유롭게 사용하기도 한다. 이때 자유롭게 사용하는 정도에 따라서 제2, 제3, 제4, 제5언어로 표현하기 도 한다.

◆ 외국어는 언어 교육에 의해서 학습한다. 따라서 언어사회에서 이미 통용 되고 있는 체계나 규칙을 먼저 배우고 언어를 사용한다. 언어사회에 노출이 되어 있는 학습자는 그렇지 않은 학습자보다 학습 기회가 많다.

　?　모국어로서의 한국어 교육과 외국어로서의 한국어 교육은 차이가 있 을까? 만약 차이가 있다고 생각한다면 그 이유에 대하여 설명해 보자.

유형	차이	이유
모국어로서의 한국어 교육		
외국어로서의 한국어 교육		

04. 문법의 정의

◆ 문법 文法 *grammar*은 다양하게 정의된다. 학자에 따라서는 아주 넓은 의미로 정의하기도 하고 아주 좁은 의미로 정의하기도 한다. 다음과 같이 문법이 지시하는 범주와 의미는 다양하다.

- 할아버지께서는 한국어를 유창하게 하신다 [음성언어에 초점을 둔 언어 규칙]
- 할머니께서는 한글로 편지를 쓰신다 [표기, 문자언어에 초점을 둔 언어 규칙]
- 황선생의 문장은 간결하면서도 정확하다 [문장과 단락 구성에 초점을 둔 언어 규칙]
- 스텔라는 한국어 문법을 배운다 [한국어 규칙]
- 최현배 선생의 우리말본 [최현배 선생이 정리한 언어 현상과 규칙]
- 정인승 선생의 문법 [정인승 선생이 수립한 언어 현상과 규칙]
- 텍스트문법 [텍스트에 초점을 둔 언어 규칙]
- 대화문법 [대화에 초점을 둔 언어 규칙]
- 제주 방언 문법 [제주 방언에서 나타나는 언어 규칙]
- 현수의 문법 [현수의 말이나 글에서 나타나는 언어 규칙]

◆ 문법은 음성언어 곧 어법 語法을 포함하기도 하고 문자언어 곧 문장 규칙이나 통사 규칙만 지시하기도 한다. 예컨대 학자에 따라서는 문법의 범위를 통사론과 형태론으로 제한하거나 음운론이나 의미론까지 포함하기도 한다. 한편 모든 언어 사용자가 잠재적으로 가지고 있는 모든 언어 규칙을 지시할 때도 문법을 사용하고, 학자나 개인이 명시적으로 밝혀놓은 제한된 언어 규칙을 지시할 때도 문법을 사용한다. 따라서 학계에서는 넓은 의미와

좁은 의미로 나누어 문법을 정의하는 경향이 있다.

- 넓은 의미 : 언어 사용자가 잠재적으로 또는 명시적으로 인지하는 모든 언어
  규칙
- 좁은 의미 : 언어 사용자가 잠재적으로 또는 명시적으로 인지하는 문장 구성
  규칙

◆ 〈표준국어대사전〉에 실린 문법과 어법의 정의에서도 문법의 범주와 의미에 대한 개념을 찾을 수 있다.

> · **문법**01 (文法) [-뻡] (문법만[-뻠-]) 「명사」 「언어」
>   말의 구성 및 운용상의 규칙. 또는 그것을 연구하는 학문. ≒말본02 · 문전01(文典)「2」.
> · **어법**02 (語法) [어:뻡] (어법만[어: 뻠-]) 「명사」 「언어」
>   말의 일정한 법칙. ≒말법01.

◆ 〈Oxford Dictionary〉에서는 문법 *grammar*의 기원을 다음과 같이 문자와 관련지어 제시하고 있다.

> late Middle English : from Old French *gramaire*, via Latin from Greek *grammatike (tekhne)* '(art) of letters', from *gramma, grammat–* 'letter of the alphabet, thing written'

◆ 〈Oxford Dictionary〉에서도 문법의 범주와 의미는 다양하게 정의하고 있다. 예컨대 문법은 한 언어의 모든 체계와 구조를 지시하기도 하고, 여러 언어에서 나타나는 보편적 체계와 구조를 지시하기도 한다. 문법은 보통 통사론과 형태론 때에 따라서는 음운론과 의미론으로 구성된다고 보았다. 그 내용은 다음과 같다.

1 *[mass noun]* the whole system and structure of a language or of languages in general, usually taken as consisting of syntax and morphology (including inflections) and sometimes also phonology and semantics.

◆ 이 밖에도 *Chomskyan grammar/my old Latin grammar/it was not bad grammar, just dialect/ the grammar of wine, informal a grammar school* 등과 같은 다양한 자료와 함께 문법의 정의를 제시한다.

◆ 최초의 문법서로는 파니니 문법으로 널리 알려진 〈아슈타디야이 *Aṣṭādhyāyī* of Pāṇini (c. 4th century BC)〉를 예로 든다.

◆ 문법은 다양한 기준을 바탕으로 다음과 같이 유형을 나눌 수 있다.

- **보편문법** *universal grammar* : 언어의 보편성에 초점을 둔 문법으로 언어학에서 논의하는 현상과 규칙이 이 유형에 속한다.
- **개별문법** *particular grammar* : 개별 언어의 특징에 초점을 둔 문법으로 한국어 문법, 영어문법, 불어문법 등이 이 유형에 속한다.
- **이론문법/학문문법** *theoretical grammar* : 모든 언어 현상과 규칙에 초점을 둔 문법으로 이론을 적용하거나 이론을 도출하는 데 목표를 둔다. 연구목표, 연구대상, 연구방법에 따라 다른 연구결과가 나올 수도 있고 새로운 연구결과가 나올 수도 있다.
- **교육문법/학교문법** *school grammar* : 언어 교육/학교 교육에 필요한 현상과 규칙에 초점을 둔 문법이다. 교육철학, 교육과정, 교육 목표 등 다양한 교육환경을 고려하여 선정된 언어 현상과 규칙을 가리킨다. 예컨대 초등학교, 중학교, 고등학교에서 교수·학습하는 한국어 현상이나 규칙, 국민의 언어 교육을 목표로 하고 있는 어문규정 등이 이 범주에 속한다.

분류	이론문법/학문문법	교육문법/학교문법
성격	과학적인 방법으로 분석, 기술, 설명	교육 환경을 고려한 교육 내용 구성 및 선정
대상	모든 언어 현상과 규칙	교육 내용으로 선정된 언어 현상과 규칙
목표	자료 분석 → 원리 발견 → 설명 → 이론 수립	언어 사용자의 언어 정보 공유 → 계승 → 발전
활용	언어 정보가 필요한 모든 분야	교육 현장, 교과서 개발, 교재 개발, 사전 개발

- **전통문법** *Traditional Grammar*: 학계에서는 전통문법의 기원을 Dionysius Thrax의 문법으로 본다. 라틴문전을 이해하기 위한 그리스시대 문법부터 19세기 구조주의문법이 나오기 전까지 언어 현상과 규칙을 분류하고 정리하는 데 초점을 둔 문법을 모두 가리키는 용어로 사용한다. 한국어 문법도 구조주의이론을 바탕으로 기술된 문법 이전에 나온 문법이 이 유형에 속한다. 대표적인 한국어 문법서로는 〈우리말본 (최현배: 1937, 1977)〉을 들 수 있다.

- **구조주의문법** *Structural Grammar*: 19세기 구조주의/경험주의 언어학자들에 의해서 주창되고 기술된 문법으로 언어 현상과 규칙을 구조로 보고 경험을 바탕으로 분석하고 기술하는 데 초점을 둔다. 경험을 바탕으로 분석하지만 객관성을 높이기 위하여 언어형식에 초점을 두기도 하였다. 대표적인 한국어 문법서로는 〈형태론 (허웅: 1992, 김석득: 1992)〉을 들 수 있다.

- **변형생성문법** *Transformational Grammar/Generative Grammar*: Syntactic Structures (Noam Chomsky: 1957)에서 주창된 변형과 생성을 바탕으로 언어 현상과 규칙을 설명하는 데 초점을 맞춘 문법이다. 이 문법은 언어의 보편성에 초점을 두고 있어서 전 세계 언어학자들의 관심과 참여로 다양한 이론과 문법으로 발전되었다. 예컨대 한국에서는 한국어 통사 규칙에 대한 연구결과가 다양하게 발표되었다.

• **인지문법** *Cognitive Grammar* : 언어 현상과 규칙을 언어 사용자의 인지 방법 또는 인지 구조와 관련지어 설명하는 문법이다. 언어 현상과 규칙은 언어 사용자의 인지를 적극 반영한다고 보는 문법이다. 세계적으로 인공지능 개발에 대한 관심이 높아지면서 인지문법에 대한 관심도 매우 높다. 한국에 서는 의미학계에서 이 문법을 적극 활용하고 있다. 예컨대 의미 변화, 의미 확장, 의미 생성, 어휘 생성 등에 관한 연구결과에서 찾을 수 있다.

? 국내외 문법서와 사전 등을 참고하여 **문법**의 정의와 개념을 적어 보자.

정의	개념	참고문헌

? 국내외 문법 연구의 흐름과 동향을 조사하여 적어 보자.

국내 문법 연구	국외 문법 연구

? 문법 교육에 필요한 문법 유형을 선택하고, 그 이유에 대하여 설명해 보자.

문법 유형	문법 교육에 필요한 이유

05. 문법 설명에 필요한 요소

◆ 언어 현상과 규칙 곧 문법을 설명하기 위해서 우리는 다양한 요소를 고려하여야 한다. 음성언어를 정확하게 이해하고 자유롭게 표현하려면 시간/공간/ 공기/ 음조/ 몸짓 등에 관한 정보를 고려하여야 하고 문자언어를 정확하게 이해하고 자유롭게 표현하려면 문장부호/ 띄어쓰기 등에 관한 정보를 고려하여야 한다.

◆ 언어 현상과 규칙은 시간과 밀접하게 관련되어 있다. 그러므로 언어 현상과 규칙을 정확하게 이해하기 위해서는 다양한 시간 개념을 고려하여야 한다. 자연 현상을 바탕으로 한 자연시간이나 절대시간만으로는 모든 언어 현상과 규칙을 설명하기 어렵다. 예를 들면 언어 현상을 바탕으로 한 언어시간과 상대시간 개념이 더 필요하다.

- **자연시간** : 물리적인 시간이다. {어제는 눈이 많이 왔다}에 쓰인 {어제}와 {왔다}가 지시하는 시간은 자연시간으로 설명할 수 있다.
- **절대시간** : {일주일은 7일이다}에서 {일주일}과 {7일}이 지시하는 시간은 변하지 않는 절대시간으로 설명할 수 있다.
- **언어시간** : {내일은 비가 온다니 산에는 다 갔다}에서 {내일}은 미래 시간을 가리키고, {온다}는 현재 시간을 가리키고, {갔다}는 과거 시간을 가리킨다. 따라서 자연시간으로 이 표현을 설명하면 자연스럽지 않다. 그러나 이와 같은 표현은 실제 언어 자료나 언어생활 속에서 쉽게 찾을 수 있다. 언어 사용자는 자연시간과 함께 언어시간을 바탕으로 표현하기 때문이다.
- **상대시간** : {현수는 노래를 부르고 나는 춤을 추었다}에서 {부르고}와 {추었다}

가 나타내는 시간은 다르다. 그러나 이 표현에서 {부르고}와 {추었다}가 가리키는 시간은 같다. 따라서 절대시간만으로는 모든 언어 현상과 규칙을 설명하기 어렵다. 이와 같은 자료는 상대시간 개념을 바탕으로 이해하는 것이 적절하다.

◆ 시간을 표현하기 위하여 언제나 같은 시간 표현을 사용하는 것은 아니다. 언어 사용자가 인지하는 방법에 따라서, 같은 시간이라도 다른 시간 표현을 사용하거나 같은 시간 표현도 다른 시간으로 해석한다.

　(1) 현수가 모자를 쓰고 있다
　　ㄱ. 현수가 모자를 쓰는 동작을 인지한다 [동작]
　　ㄴ. 현수가 모자를 쓴 상태를 인지한다 [상태]

　(2) 고양이 한 마리가 죽어가고 있다/ 고양이 한 마리가 죽어 있다
　　ㄱ. {-고 있다}에서는 고양이가 [죽는 동작]을 인지한다
　　ㄴ. {-어 있다}에서는 고양이가 [죽은 상태]를 인지한다

◆ 언어로 표현하는 시간은 언어 사용자가 인지하는 주관적인 시간이다.

　· 버스보다 지하철을 <u>타고 가는</u> 게 <u>빠르지 않겠어?</u>
　· 빵보다 밥을 <u>먹는</u> 것이 더 <u>편할 것이다</u>
　· 그 꽃은 <u>시들었겠구나</u>
　· 내가 안 <u>간다면</u> 너는 더 <u>좋겠지</u>

　⇒ 각 발화 속에는 두 가지 시간 표현이 함께 쓰였다. 따라서 두 형식을 고려하여야 각 발화가 지시하는 시간을 인지할 수 있다.

· 나는 아침을 8시에 먹는다. [가까운 미래]
· 나는 (매일) 아침을 8시에 먹는다. [습관]
· 나는 아침을 8시부터 먹는다. [현재]
· 나는 (매일) 아침을 8시부터 먹는다. [습관]

⇒ 언어 사용자는 현재를 가리키는 시간 표현을 활용하여 다양한 의미를 전하고 있다.

◆ 언어 현상과 규칙은 공간과 밀접하게 관련되어 있다. 따라서 언어 현상과 규칙을 정확하게 이해하기 위해서는 공간과 관련된 언어 사용자의 인지 과정에 대한 정보도 필요하다.

(3) 여기가 제 고향입니다.

(4) 저기가 북한산입니다.

⇒ 자료 (3과 4)에서 {여기/저기}에 대한 정보가 없으면 고향이 어딘지도 알 수 없고, 북한산이 어디쯤인지도 알 수 없다. 이와 같은 현상은 전화나 문자메시지로 의사소통을 할 때도 나타난다.

(5) 현수 : 너 어디 있니? 이리로 올래?

　　송이 : 거기 어딘데?

◆ 언어 현상과 규칙을 정확하게 이해하고 설명하기 위해서는 공간을 고려하여야 한다.

(6) ㄱ. 현수는 서울로 이사를 왔다.

　　ㄴ. 송이는 서울로 이사를 갔다.

⇒ 자료 (6ㄱ)에서는 언어 사용자가 있는 곳이 서울임을 알 수 있고, (6ㄴ)에서는 언어 사용자가 있는 곳이 서울이 아님을 알 수 있다. {오다/가다}의 의미는 물론 화자를 기준으로 {오다/가다}의 의미가 어떻게 인지되고 사용되는지에 대한 지식이 함께 작용해야 자료 (6)을 명확하게 이해할 수 있다.

◆ 다양한 시간과 공간을 인지할 수 있는 다음과 같은 자료도 있다.

A:오늘 뭐 하셨어요?	B:현수와 송이를 만났어요	· 두 사람을 함께 만난 상황 · 두 사람을 따로 만난 상황
	B:현수와 송이를 만나서 점심을 먹었어요	· 두 사람을 함께 만난 상황
	B:현수도 만나고 송이도 만나고 바빴어요	· 두 사람을 함께 만난 상황 · 두 사람을 따로 만난 상황
	B:현수 만나서 점심 먹고 송이 만나서 저녁 먹고 하루 종일 놀았어요	· 두 사람을 따로 만난 상황

◆ 공간을 표현하기 위하여 한국어 사용자는 지시어 {저/이/그}를 사용한다.

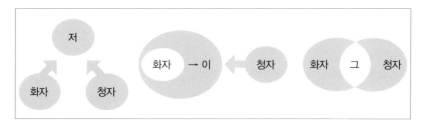

⇒ {저}는 화자-청자와 떨어져 있는 공간에 있는 대상을 지시하고, {이}는 화자와는 같은 공간에 있는 대상을 지시하고, {그}는 실제 공간보다 화자와 청자의 인지공간에 있는 대상을 지시한다 (김영배 · 신현숙, 1987:229 참조).

◆ 공간이 진공상태라면 음성언어로 의사소통을 하기는 어렵다. 따라서 공간과 함께 물리적인 환경 또한 언어 현상과 규칙을 설명하는 데 중요한 요소가 된다. 예를 들어 음성언어로 의사소통을 하더라도 직접 얼굴을 보고 이야기하는 면대면 환경과 전화기 매체를 사용하여 이야기하는 환경은 차이가 있다. 면대면 환경에서는 표정, 몸짓, 어조가 음성언어와 함께 메시지를 전달한다. 반면에 전화기 매체 환경에서는 어조와 음성언어로 메시지를 전달하지만 표정과 몸짓은 불완전하게 전달되기 때문에 물리적인 환경에 따라서 언어 현상과 규칙은 차이가 있다.

◆ 음성언어가 전달되는 공간이 열린 공간인지 닫힌 공간인지도 고려하여야 한다. 뿐만 아니라 공간의 크기, 공간에서 언어 사용자 사이의 거리 등도 고려해야 효과적으로 음성언어를 전달할 수 있다. 예를 들어 열린 공간에서 다수의 청자와 일정한 거리를 유지해야 하는 상황에서 음성언어를 전달해야 한다면 화자는 공적인 언어 체계나 규칙을 사용함으로써 의사소통을 성공적으로 이끌 수 있다.

◆ 음성언어와 밀접하게 관련되는 요소로는 목소리 조정을 들 수 있다. 언어 사용자가 어떤 목소리로 발화 *utterance*하는지를 고려하여야 다양한 언어 현상과 규칙을 설명할 수 있다.

(7) 신선생! 공부해요

　ㄱ. 큰 목소리/힘있는 목소리로 발화하면 [명령]

　ㄴ. 낮은 목소리/부드러운 목소리로 발화하면 [청유]

　ㄷ. 애타는 목소리/사정하는 목소리로 발화하면 [애원]

　ㄹ. 발화의 끝을 올리면 [의문]

(8) ㄱ. (다정하게) 잘했군 [칭찬]

ㄴ. (기분 나쁘게) 잘했군 [비난]

(9) ㄱ. (다정하게) 이 사과는 안 돼 [부탁]

ㄴ. (기분 나쁘게) 이 사과는 안 돼 [금지]

⇒ 자료 (7-9)에서 보는 바와 같이, 언어형식이 같아도 목소리를 어떻게 조정하느냐에 따라 다른 의미를 지시하는 표현이 된다. 음성언어가 '무엇을'의 내용적 측면과 관련된다면 언어 사용자의 목소리는 '어떻게'의 방법적 측면과 관련된다. 이와 같은 현상과 규칙을 설명하기 위하여 언어 사용자의 목소리 조정에 대한 정보도 필요하다.

◆ 같은 표현이라도 어떻게 발음하느냐에 따라 대화 내용이 달라진다.

(10) ㄱ. 영이는 키가 크다.

ㄴ. 영이는 키가 크~다.

ㄷ. 영이는 키가 크다.

⇒ (10ㄱ)처럼 큰 소리로 [크다]를 말하면 [크다]는 사실만 강조하고, (10ㄴ, ㄷ)처럼 길게 또는 높게 발음하면 [크다]는 사실과 함께 말하는 크기와 감정이 달라진다. 이때의 시점은 현재이다.

◆ 같은 언어형식을 발화하여도 어떤 몸짓(표정, 손짓, 눈짓 등)을 더하느냐에 따라 전하는 의미가 다르다. 칭찬을 하면서 얼굴을 찡그린다면 칭찬으로 이해하지 않고, 꾸지람을 하면서 환한 웃음을 짓는다면 꾸지람으로 이해하지 않는다.

(11) ㄱ. (밝은 표정으로) 그 친구 노래 잘 하지! [칭찬]

ㄴ. (화난 표정으로) 그 친구 노래 잘 하지! [꾸지람]

(12) ㄱ. (밝은 표정으로) 왜 이런 걸 사왔니? [너무 좋은 것을 사왔다]

ㄴ. (화난 표정으로) 왜 이런 걸 사왔니? [좋지 않은 것을 사왔다]

◆ 같은 언어형식을 사용하는 표현이라도 상황에 따라 전하는 의미가 다르다.

(13) 송이야! 맛 좀 볼래.

ㄱ. {맛 좀 볼래} : 음식을 요리하는 상황

→ [음식 맛을 보거나 간을 보라는 의미]

ㄴ. {맛 좀 볼래} : 싸우는 상황

→ [혼내 준다는 의미]

◆ 화자는 표정이나 자세 등 청자의 다양한 몸짓을 고려하여 이야기를 계속하기도 하고 서둘러 끝을 맺기도 한다. 뿐만 아니라 화자는 청자의 몸짓을 고려하여 발화 속도, 발화 크기, 발화 내용 등을 결정한다. 청자가 눈을 맞추고 고개를 끄덕이며 몸을 앞으로 숙이면 화자도 이야기를 계속하지만, 청자가 눈을 맞추지 않고 관심 없는 표정을 보이면 화자도 이야기를 서둘러 끝맺거나 화제를 전환해야 한다. 따라서 몸짓도 음성언어에서 나타나는 언어 현상과 규칙을 설명하는 데 고려해야 할 요소이다.

◆ 몸짓은 의사소통을 하는데 핵심적인 요소가 되기도 한다. 음성언어를 사용하기 어려운 공간이나 시간에 활용하기도 하고, 문자언어를 사용하기 어려운 공간이나 시간에 활용하기도 한다. 대표적인 예로는 언어로 의사소통

을 하기 어려운 외국인을 만났을 때 사용하는 몸짓을 들 수 있다.

◆ 문자언어를 이해하고 생성하는 과정에서 문장부호에 대한 지식과 정보는 중요하다. 같은 언어형식이라도, 다음과 같이 문장부호에 따라 전하는 의미와 정보가 다르다.

(14) ㄱ. 바나나를 사왔어. [진술]

ㄴ. 바나나를 사왔어! [감탄]

ㄷ. 바나나를 사왔어? [의문]

(15) ㄱ. 아름다운 밤, [완성되지 않은 문장 곧 구절]

ㄴ. 아름다운 밤! [완성된 문장 곧 감탄문]

◆ 문장부호에 대한 정보는 여러 문자언어가 공유하고 있다. 예를 들면 쉼표(,), 마침표(.), 느낌표(!), 물음표(?) 등은 많은 문자언어에서 찾을 수 있다.

◆ 한국어 문자언어에서 띄어쓰기는 매우 중요하다. 같은 언어형식이라도 띄어쓰기에 의해서 의미가 달라지거나, 의미가 없어지거나, 새로운 의미를 생성하는 표현이 있다. 다음과 같은 표현을 정확하게 이해하려면 띄어쓰기에 대한 정보를 고려하여야 한다.

(16) ㄱ. 현수야! 어제 산 책 어디 있니?

ㄴ. 응 # 송이가방에 # 있어. [가방에]

(17) ㄱ. 현수야! 누가 방에 있니?

ㄴ. 응 # 송이가 # 방에 # 있어. [방에]

(18) ㄱ. 종이휴지 통 (종이휴지를 담는 통)

　　ㄴ. 종이 휴지통 (종이로 만든 휴지통)

(19) ㄱ. waste-paper basket (종이휴지를 담는 바구니)

　　ㄴ. waste paperbasket (휴지 담는 종이바구니)

◆ 띄어쓰기에 대한 정보가 없으면 문자언어 곧 글을 정확하게 이해하고 생성하기 어렵다. 예컨대 {오늘도우리는수영을한다}와 같은 표현이 있다면 그 뜻을 쉽게 이해할 수 없다. 그러나 모든 언어가 같은 방법으로 띄어쓰기를 하는 것은 아니다. 예를 들면 {你觉得我游得怎么样?/내 수영 솜씨 어때요?}와 같이 중국어와 한국어가 같은 방법으로 띄어쓰기를 하는 것은 아니다.

■ 한국어도 중세 문헌에서는 띄어쓰기를 하지 않았으며, 일반적으로 띄어쓰기가 처음 나타난 것은 '독립신문'(1896-1899)으로 보고 있다. 이후 1933년 조선어학회의 '한글 맞춤법 통일안'에서 띄어쓰기를 규범화하였다. 현재 사용하는 띄어쓰기 규정은 1988년 1월 19일 문교부(현 교육과학기술부)에서 고시한 것이다.

◆ 띄어쓰기를 하지 않으면 정확한 의미 해석을 할 수 없는 자료도 있다.

(20) 아기다리고기다리던님이시여

　　ㄱ. ?아기다리 고기다리던 님이시여

　　ㄴ. ?아기 다리 고기 다리 던님 이시 여

　　ㄷ. 아 기다리고 기다리던 님이시여

⇒ (20ㄷ)의 의미를 전하려면 띄어쓰기와 함께 목소리 조정 또는 문장부

호를 사용하여야 한다.

◆ 문자언어 자료를 설명하기 위하여 다음과 같이 다양한 질문을 할 수 있다.

    (21) ㄱ. 어떤 도구로 썼느냐?
       ㄴ. 얼마나 크게 또는 작게 썼느냐?
       ㄷ. 어떤 색으로 썼느냐?
       ㄹ. 어떤 모양/글씨체로 썼느냐?

  ■ 같은 표현이라도 도구/크기/색/모양 등에 의해서 언어 사용자가 이해하고 생성하는 의미가 다르다. {불조심}은 빨간색으로 적는 것, 다양한 글꼴이나 글자 크기 프로그램을 개발하여 사용하는 것, 다양한 필기도구를 개발하여 사용하는 것 등은 언어 사용자가 문자언어를 통하여 많은 것을 표현하고 있음을 뜻한다. 따라서 문자언어에서 나타나는 다양한 현상과 규칙을 설명하기 위하여 문자언어와 관련지을 수 있는 다양한 요소를 고려하는 것이 필요하다.

  ❓ 음성언어와 문자언어의 이해와 사용에서 고려해야 할 요소를 구체적으로 적어 보자.

유형	고려해야 할 요소
음성언어	
문자언어	

? 선생님과 지각한 학생들의 대화이다. 어떤 표현이 적절한지 생각해
보자.

선생님:지금이 몇 시입니까?

학생 1:9시 30분입니다.
학생 2:시계가 없어서 모르겠습니다.
학생 3:죄송합니다. 어제 과제를 하다가 늦게 잤습니다.

06. 문법 설명에 필요한 학문 분야

◆ 시대, 지역, 학자에 따라 차이는 있지만, 언어 현상과 규칙 곧 문법을 설명하기 위해서 우리는 다양한 학문의 연구결과를 활용한다.

◆ 역사적으로 문법은 플라톤 *Plato*, 아리스토텔레스 *Aristoteles*와 같은 철학자들에 의해서 발전되었다. 그 과정에서 전 세계적으로 철학의 연구결과는 보편문법이나 개별문법에 적극 반영되었다. 예를 들면 품사 분류나 새로운 문법이론의 출현은 철학과 철학자의 생각을 적극 반영한 것이다.

◆ 언어 사용자는 의사소통 목적에 따라 다양한 방법으로 언어를 사용한다. 따라서 언어 현상과 규칙 곧 문법을 이해하기 위해서는 언어 사용자의 정신과 마음을 고려하여야 한다. 그 결과 언어 현상과 규칙을 이해하거나 설명할 때 심리학의 연구결과를 적극 활용한 심리언어학도 출현하였고, 인간의 인지 방법, 인지 과정, 인지 태도 등을 적극 활용하여 문법을 설명하는 인지문법도 출현하였다.

◆ 언어 사용자는 다양한 층위의 언어사회 속에서 의사소통을 한다. 따라서 언어 현상과 규칙 곧 문법을 이해하고 설명할 때 언어사회에 대한 지식과 정보를 고려하여야 한다. 예컨대 한국어사회에서 의사소통을 할 수도 있고, 제주도에서 지역 방언으로 의사소통을 할 수도 있고, 세대나 직업 등이 다른 언어사회 속에서 계층 방언으로 의사소통을 할 수도 있다. 이와 같은 이유로 사회학 또는 지리학의 연구결과를 문법 연구에 활용할 수 있다.

◆ 언어 사용자는 다양한 분야에서 다양한 주제로 의사소통을 한다. 따라서 언어 현상과 규칙을 설명할 때 다양한 분야에 대한 지식과 정보가 필요하다. 예를 들면 역사, 정치, 경제, 음악, 미술, 문화 등 모든 분야의 지식과 정보를 활용하여 언어 현상과 규칙을 이해하고 설명할 수 있다. 특히 전문어에서 나타나는 현상과 규칙을 설명하기 위해서는 모든 분야에 대한 정보를 고려하여야 한다.

◆ 언어 현상과 규칙 곧 문법은 모든 분야와 학제 연구 또는 융·복합 연구가 가능하다. 예컨대 언어와 인류의 역사를 함께 연구하는 인류언어학, 언어와 정치의 역학 관계를 연구하는 정치언어학, 언어 표현 및 이해 능력을 신장시키는 언어교육학, 언어정보를 집대성한 사전학, 언어정보를 활용하여 인공지능을 개발하는 인지언어학, 인간의 뇌와 언어의 관련성을 밝히는 신경언어학, 언어의 장애를 치료하는 언어치료, 음성언어의 물리적 현상을 연구하는 음성학과 음향학, 문자언어를 예술적으로 개발하는 서체미학 등 인간이 관심을 가지고 있는 모든 분야에서 언어 현상과 규칙에 대한 지식과 정보를 함께 활용할 수 있다.

◆ 문법은 다양한 분야에서 다양한 방법으로 활용할 수 있다. 예를 들면, 언어 교육, 컴퓨터 프로그램 개발, 인공지능 개발, 로봇 개발, 매체 개발 및 홍보, 상품 개발 및 홍보, 문화 창조 및 계승 등 모든 분야에서 적극 활용할 수 있다.

? 언어로 의사소통을 하면서 대화 상대자의 생각과 감정을 이해한 경험을 들고, 심리 이해에 중요하게 작용한 요소에 대하여 이야기해 보자.

경험 사례	작용 요소

? 매체와 상품의 개발 및 홍보에 문법이 활용된 현상을 찾아 보자.

유형	활용 문법
매체 개발 및 홍보	
상품 개발 및 홍보	

? 언어 정보를 활용한 도구나 기기를 찾아 적어 보자.

도구/기기	활용 방법과 내용

? 문법 정보를 어떤 분야에 어떻게 활용할 수 있는지 생각해 보자.

분야	활용 방안

? 한국어 정보가 필요한 분야를 조사하고 어떤 정보를 어떻게 활용할 수 있는지 생각해 보자.

분야	활용 방안

2장

문법 교육의 이해

01. 문법 교육의 가치

◆ 문법 교육의 가치는 크게 세 가지로 나누어 볼 수 있다. 언어에 관한 정보를 제공한다는 점에서도 가치가 있고, 언어 사용자의 사고력과 탐구 능력을 키운다는 점에서도 가치가 있다. 또한 학제적 연구에 필요한 지식과 정보를 제공한다는 점에서도 가치가 있다.

- 언어에 관한 정보를 제공한다.
    - → 말소리를 정확하게 이해하고 생성할 수 있는 정보
    - → 어휘를 정확하게 이해하고 활용할 수 있는 정보
    - → 문장이나 담화를 정확하게 이해하고 구성할 수 있는 정보
    - → 의사소통 방법을 정확하게 이해하고 활용할 수 있는 정보
    - → 의사소통의 목표를 효과적으로 달성할 수 있는 정보

- 언어 사용자의 사고력과 탐구 능력을 키운다.
    - → 언어 현상을 바탕으로 물리적 현상, 사회적 현상 등에 대한 통찰력을 키운다.
    - → 다양한 언어 현상을 기술하고 설명하는 과정에서 사고력을 높인다.
    - → 언어 현상을 통하여 규칙을 발견하는 과정에서 탐구 능력을 키운다.
    - → 규칙 발견 절차를 통하여 원리와 이론을 수립할 수 있는 창의력을 키운다.

- 학제적 연구에 필요한 문법에 관한 지식과 정보를 제공한다.
    - → 인간을 이해하는 데 필요한 지식과 정보를 제공한다.
    - → 언어사회와 언어문화를 이해하고 생성하는 데 필요한 지식과 정보를 제

공한다.

→ 인간이 활용할 수 있는 인공지능 개발에 필요한 지식과 정보를 제공한다.

→ 인간이 활용할 수 있는 다양한 의사소통 방법과 도구를 개발하는 데 필요한 지식과 정보를 제공한다.

이 밖에도 언어 역사와 문화를 이해하고 계승하고 발전시키는 데 필요한 지식과 정보를 제공하고 나아가 이를 위한 역량을 키울 수 있다.

? 문법 교육을 받은 경험을 이야기해 보자.

? 문법 교육의 필요성을 적어 보자.

1

2

3

4

5

02. 문법 교육의 목표

◆ 한국어 문법 교육의 목표는 국어과 교육과정(2012년 고시)에서 찾을 수 있다. 공통 교육과정 〈국어〉의 목표에 실린 국어 활동, 국어 이해, 국어 사용, 국어에 대한 지식, 국어 생활 등에서 문법 교육의 거시적 목표를 찾을 수 있다.

> 국어 활동과 국어와 문학을 총체적으로 이해하고, 국어 활동의 맥락을 고려하여 국어를 정확하고 효과적으로 사용하며, 국어를 사랑하고 국어 문화를 누리면서 국어의 창의적 발전과 국어 문화 창조에 이바지할 수 있는 능력과 태도를 기른다.
>
> 가. 국어 활동과 국어와 문학에 대한 기본적인 지식을 익힌다.
> 나. 다양한 유형의 담화와 글을 비판적이고 창의적으로 수용하고 생산한다.
> 다. 국어의 가치와 중요성을 인식하고 국어 생활을 능동적으로 하는 태도를 기른다.

◆ 한편 문법 교육의 미시적 목표는 교육과정에 실린 〈문법〉의 내용 체계에서 찾을 수 있다. 그 내용은 다음과 같다.

실제		
· 국어 문화와 자료		
− 구어 자료, 문어 자료		
· 다양한 매체와 국어 자료		

지식	탐구와 적용	태도
· 언어의 특성	· 국어의 분석과 탐구	· 국어의 가치와 중요성
· 국어의 구조	· 국어 지식의 적용	· 국어 탐구에 대한 흥미
· 국어의 규범	· 국어 생활의 점검과 문제 해결	· 국어 의식과 국어 사랑

◆ 2012년 고시한 선택 교육과정 〈독서와 문법〉의 목표에서도 문법 교육의 목표를 찾을 수 있다. 밑줄 친 부분이 이에 해당한다.

가. 독서와 언어의 본질을 사회 · 문화적 소통 차원에서 체계적이고 전문적으로 이해한다.
나. 국어 현상을 탐구하고 다양한 자료를 분석하며 비판적, 창의적 문제 해결 능력을 기른다.
다. 다양한 관점의 글을 비판적으로 읽고 논리적으로 의미를 재구성하며 사회적 공동체의 독서 활동에 능동적으로 참여한다.
라. 독서와 문법을 통하여 개인의 삶과 사회 현상을 성찰하며 국어 문화를 창의적으로 발전시키는 태도를 기른다.

◆ 이와 함께 제시한 내용 체계에서도 밑줄 친 내용이 문법 교육 내용에 해당한다.

독서와 언어의 본질	· 독서의 본질 · 언어의 본질
국어 구조의 이해	· 음운 · 단어 · 문장 · 담화
글의 구조와 독서의 방법	· 글의 구성 원리 · 독서의 방법
독서의 실제와 국어 자료의 탐구	· 독서와 국어 생활 · 국어 자료의 탐구 · 독서의 가치와 성찰

03. 문법 교육의 내용

◆ 국어과 교육과정(2012년 고시)에서는 교육 목표와 함께 영역 성취 기준과 내용 성취 기준을 제시하고 있다. 현재 한국에서 구현되고 있는 문법 교육의 범위와 내용을 밝히기 위하여, 초등학교부터 고등학교 교육과정에서 제시하는 내용 성취 기준을 간단하게 정리하여 제시한다.

◆ 초등학교 문법 내용 성취 기준

1–2학년군
(1) 한글 낱자(자모)의 이름과 소릿값을 알고 정확하게 발음하고 쓴다.
(2) 다양한 고유어(토박이말)를 익히고 소중히 여기는 태도를 기른다.
(3) 낱말과 낱말의 의미 관계를 알고 활용한다.
(4) 문장의 기본 구조를 이해하고 문장 부호를 바르게 쓴다.

3–4학년군
(1) 소리와 표기가 다를 수 있음을 알고 낱말을 바르게 발음하고 쓴다.
(2) 표준어와 방언의 가치를 알고 상황에 따라 효과적으로 사용한다.
(3) 국어의 낱말 확장 방법을 알고 다양한 어휘를 익힌다.
(4) 낱말을 분류해 보고 국어사전에서 낱말을 찾아본다.
(5) 문장을 끝내는 다양한 방식을 알고 자신의 의도에 맞게 문장을 사용할 수 있다.
(6) 높임법을 알고 언어 예절에 맞게 사용한다.

5–6학년군
(1) 발음과 표기, 띄어쓰기가 혼동되는 낱말을 올바르게 익힌다.
(2) 낱말이 상황에 따라 다양하게 해석됨을 이해하고 효과적으로 표현할 수 있다.
(3) 고유어, 한자어, 외래어의 개념과 특성을 알고 국어 어휘의 특징을 이해한다.
(4) 절을 연결하는 다양한 방식을 알고 표현 의도에 맞게 문장을 구성한다.
(5) 국어의 기본적인 문장 성분을 이해하고 성분 사이의 호응 관계가 올바른 문장을 구성한다.
(6) 관용 표현의 특징을 알고 담화 상황에 맞게 사용한다.

◆ 중학교 문법 내용 성취 기준

1학년-3학년군
(1) 언어의 본질과 기능을 이해한다.
(2) 음운 체계를 탐구하고 그 특징을 이해한다.
(3) 어문 규범의 기본 원리와 내용을 이해한다.
(4) 음운 변동의 규칙성을 탐구하고 자연스러운 발음의 원리를 이해한다.
(5) 단어의 짜임을 분석하고 새말이 만들어지는 원리를 이해한다.
(6) 품사의 개념과 특성을 이해하고 단어를 적절하게 사용한다.
(7) 문장의 구조를 탐구하고 자신의 생각을 다양한 구조의 문장으로 표현할 수 있다.
(8) 어휘의 유형과 의미 관계를 이해하고 활용한다.
(9) 문법적 기능을 담당하는 요소들의 특징을 이해하고 담화 상황에 맞게 사용할 수 있다.
(10) 담화의 개념과 특성을 이해하고 담화 상황에 적합한 국어 생활을 한다.
(11) 한글의 창제 원리와 가치를 이해한다.

◆ 고등학교 문법 세부 내용 (내용 성취 기준)

〈국어 I〉
(11) 음운과 음운 체계를 이해하고 교양 있는 발음 생활에 대해 알아본다.
(12) 어휘의 체계와 양상을 이해하고 그것을 상황에 맞게 활용한다.
(13) 한글 맞춤법의 원리와 내용을 알고 교양 있는 표기 생활에 대해 알아본다.

〈국어 II〉
(10) 올바른 문장 표현과 효과적인 담화 표현의 양상을 탐구한다.
(11) 국어의 변천을 이해하고 국어의 발전 방향을 탐구한다.
(12) 한글의 제자 원리와 가치를 이해하고 우리 말글을 사랑하는 태도를 기른다.

〈독서와 문법〉
(3) 언어와 사고, 언어와 사회, 언어와 문화의 관계를 탐구하고 이해한다.
(4) 언어가 갖는 특성인 기호성, 규칙성, 창조성, 사회성, 역사성을 탐구하고 이해한다.
(5) 음성, 음운의 세계를 탐구하고 올바르게 발음 생활을 한다.
(6) 음운의 변동을 탐구하고 올바르게 발음하며 표기하는 생활을 한다.
(7) 품사 분류를 통해서 개별 단어의 특성을 이해한다.
(8) 단어의 형성 과정을 이해하고 새말이 만들어지는 원리를 탐구한다.

(9) 외래어 표기법과 로마자 표기법을 이해하고 국어 생활에서 활용하도록 한다.
(10) 단어의 의미 관계와 의미 변화의 양상을 탐구하고 이해한다.
(11) 문장의 짜임을 탐구하여 이해하고 정확한 문장을 사용한다.
(12) 의미 구성에 기여하는 문법 요소의 개념과 표현 효과를 탐구한다.
(13) 담화의 개념과 특성을 이해하여 적절하고 효과적인 국어 생활을 하도록 한다.
(14) 담화에서 지시 · 대용 · 접속 표현의 기능과 효과를 이해한다.

? 초등학교 국어 교과서에 실린 문법 단원을 조사해 보자.

? 중학교 국어 교과서에 실린 문법 단원을 조사해 보자.

? 고등학교 국어 교과서에 실린 문법 단원을 조사해 보자.

04. 문법 교육의 방향

◆ 문법 교육의 목표를 효과적으로 달성하고 문법 교육의 가치를 최대한 높일 수 있는 방향을 모색하는 것이 필요하다. 이를 위하여 교육과정에서 제시한 교육 목표, 내용 체계, 성취 기준은 물론 교수 · 학습 이론과 교수 · 학습 방법에 대한 정보도 필요하다. 아울러 언어생활과 언어활동에 필요한 언어사회와 언어문화에 대한 정보도 필요하다.

◆ 문법 교육은 교수 · 학습 목표와 교육환경에 따라서 결과 중심 교수 · 학습 방법과 과정 중심 교수 · 학습 방법을 적절하게 활용하여야 한다.

결과 중심 문법 교육	과정 중심 문법 교육
교사는 언어 현상과 규칙에 대한 정보를 교수 · 학습 내용으로 구성하여 가르친다.	교사는 언어 현상과 규칙을 해석하고 탐구하는 과정에 필요한 자료와 정보만 제공한다.
학생은 언어 현상과 규칙에 대한 정보를 이해하고 이를 활용한다. 암기와 연습 과정을 통하여 교수 · 학습 내용을 익힌다.	학생은 언어 자료를 바탕으로 언어 현상과 규칙을 해석하고 발견한다. 해석 과정과 탐구 과정에서 교수 · 학습 내용을 익힌다.
교수 · 학습 내용은 교사가 준비한 언어 현상이나 규칙에 대한 정보로 구성된다.	교수 · 학습 내용은 학생의 해석 과정과 탐구 과정에서 발견한 정보로 구성된다.

◆ 문법 교육은 언어 현상에서 규칙을 발견하고 의미를 탐구하는 과정을 통하여 언어의 보편적 특성과 규칙을 이해하고 나아가 언어사용 능력을 발전시킬 수 있는 방향으로 이루어져야 한다. 뿐만 아니라 문법 교육을 통하여 학습자가 실제 언어사회와 문화 속에서 효과적인 의사소통을 할 수 있고 자

유로운 언어생활을 할 수 있는 기회를 제공하는 것이 필요하다.

◆ 문법 교육은 교수 · 학습 목표와 교육환경에 따라서 연역적 교수 · 학습 방법과 귀납적 교수 · 학습 방법을 적절하게 활용하여야 한다.

분류	연역적 교수 · 학습 방법	귀납적 교수 · 학습 방법
방법	언어 현상과 규칙 → 암기, 연습, 적용	언어 자료 제공 → 언어 현상과 규칙 발견 → 가치 판단 → 적용 및 연습 → 새로운 언어 자료 생성 → 언어 현상과 규칙 발견
장점	· 체계적인 정보를 제공할 수 있다. · 규범이나 규정을 익히는 데 효과적이다. · 성인 학습자와 외국인 학습자에게 필요한 정보만 제공한다.	· 학생이 적극 참여하거나 활동할 수 있다. · 학습자가 통찰력, 해석능력, 탐구능력, 창의력을 발휘할 수 있다. · 학습자가 발견한 현상과 규칙이므로 오랫동안 정보를 기억할 수 있다.
단점	· 학생이 적극 참여하거나 활동하기 어렵다. · 제한된 정보만 교수 · 학습하므로 언어 현상과 규칙을 예측하거나 생성할 수 있는 능력을 키우기 어렵다. · 새로운 언어 현상과 규칙을 이해하고 생성할 수 있는 능력을 키우기 어렵다.	· 언어 자료를 관찰하고 언어 현상과 규칙을 발견하는 데 많은 시간과 노력이 필요하다. · 해석과 탐구 과정에서 다양한 오류가 발생하여 적절하지 않은 정보를 교수 · 학습할 수 있다. · 학습자가 현상과 규칙을 발견하기 어려운 언어 자료와 문법 요소도 있다.

■ 단순한 개념이나 정의는 연역적 교수 · 학습 방법이 적합하다 : '형태소'나 '품사'의 정의

■ 언어 현상이나 규칙에 대한 이해는 귀납적 교수 · 학습 방법이 적합하다 : '형태소'는 어떤 유형으로 분류하고 그 기준은 무엇인가?

? 결과 중심 문법 교육과 과정 중심 문법 교육의 장점과 단점에 대하여 이야기해 보자.

결과 중심 문법 교육	장점	
	단점	
과정 중심 문법 교육	장점	
	단점	

05. 문법 교수 · 학습 방법

◆ 국어과 공통 교육과정(2012년 고시)에서 제시한 문법 교수 · 학습 방법과 평가 방법을 정리하면 다음과 같다.

교수 · 학습 운용

…'문법' 지도에서는 문법 교육 내용이 위계적으로 반복 · 심화될 수 있도록 지도하되, 다양한 국어 현상을 원리 중심으로 탐구하여 언어 지식을 생성하는 경험을 강조하고, 학습한 내용이 바람직한 국어 생활에 활용될 수 있도록 한다. 문법은 특정 문법 단원에서만 지도할 것이 아니라 매 단원에서 새로 등장하는 단어의 뜻과 문장의 어법을 익힐 때나 연습 문제 활동을 통하여 이전에 배운 문법과 규범에 관련된 사항을 환기시켜 지속적으로 지도한다.…

평가 운용

'문법' 영역의 평가 목표는 문법 지식의 이해와 탐구 및 적용 중심으로 설정하되, 문법 지식의 단순한 암기가 아닌 국어의 구조와 문법의 작동 원리를 파악하고 생활 속에 적용, 실천하는 능력에 중점을 두어 설정한다. 어휘와 어법 관련 평가 목표는 개별 단어의 발음, 표기, 뜻에 대한 정확한 이해, 의사소통 상황에서 어휘 사용의 적절성, 창의적인 어휘 사용 능력, 올바른 어법에 따른 문장 구사 능력에 중점을 두어 설정한다.

◆ 문법 교수 · 학습 설계

1. 목표 단계:교수 · 학습 목표를 분석하여 설정하는 단계
   · 교수 · 학습 내용 선정
   · 교수 · 학습 내용 구성 및 조직
   · 교수 · 학습 내용 계열화, 구체화

2. 진단 단계:학습자의 학습 능력과 학습 내용을 점검하는 단계
   · 학습 능력 진단
   · 학습 내용 진단

3. 계획 단계:교수 · 학습 목표와 학습자를 고려한 구체적인 계획을 수립하는 단계
   · 대단원 교수 · 학습 계획
   · 소단원 교수 · 학습 계획
   · 차시별 계획

4. 지도와 평가 단계
   · 지도:교수 · 학습 목표를 구현하는 실제 교수 · 학습 단계
   · 평가:교수 · 학습 과정과 결과를 평가하는 단계

5. 정리와 발전 단계
   · 정리 단계:차시, 소단원, 대단원 차원에서 교수 · 학습 내용을 정리하는 단계
   · 발전 단계:교수 · 학습 내용을 심화하고 확산시키는 단계

◆ 〈보기:탐구과정에 초점을 둔 교수 · 학습 설계〉

의문 제기	① 언어 자료를 바탕으로 언어 현상과 규칙에 대한 의문을 제기 ② 의문을 제기하는 과정에서 교수 · 학습 목표를 인지
가설 설정	① 언어 자료를 바탕으로 언어 현상과 규칙에 대한 가설 설정 ② 가설을 뒷받침할 수 있는 언어 자료 확대
가설 검증	① 가설을 검증할 수 있는 자료 분석 및 해석 ② 증거 자료 분석 및 해석 ③ 증거 자료 분석 및 해석 결과를 반영하여 가설 수정 ④ 언어 자료, 언어 현상, 언어 규칙을 합리적으로 설명할 수 있는 가설 도출
결론/일반화	① 최종 도출한 가설의 일반화 ② 일반화된 가설의 적용

? 문법 교수·학습 설계를 위하여 학습자의 학습 능력과 학습 내용을 진단하는 방법에 대하여 조사해 보자.

항목	진단 방법
학습 능력 진단	
학습 내용 진단	

? 문법 교수·학습 과정과 결과를 평가하는 방법에 대하여 조사해 보자.

항목	평가 방법
교수·학습 과정 평가	
교수·학습 결과 평가	

? 중학생을 대상으로 교수·학습 목표, 교수·학습 방법, 교수·학습 내용, 평가 방법을 포함하는 문법 교수·학습 모형을 만들어 보자.

단원: 한국어 단어 유형과 특징

? 문법을 배운 경험을 바탕으로 재미있는 교수·학습 방안을 이야기해 보자.

제2부

단어·품사
어휘·문장

3장

단어와 단어 교육

01. 단어

◆ 〈표준국어대사전〉에서 제시한 단어 單語 *word*의 정보는 다음과 같다.

> **단어** (單語) 「명사」 『언어』
> 분리하여 자립적으로 쓸 수 있는 말이나 이에 준하는 말. 또는 그 말의 뒤에 붙어서
> 문법적 기능을 나타내는 말. "철수가 영희의 일기를 읽은 것 같다."에서 자립적으로 쓸
> 수 있는 '철수', '영희', '일기', '읽은', '같다'와 조사 '가', '의', '를', 의존 명사 '것' 따위이다.
> ≒낱말02 · 어사10 (語詞) 「2」.단어

■ 사전에서 제시한 단어의 정의는 학교문법에서도 찾을 수 있다. 그러
나 학문문법에서는 시대와 학자에 따라 단어를 달리 정의한다. 그 차이
는 자립하여 쓰이지 않는 조사와 어미를 단어로 인정하느냐 그렇지 않
느냐에 따라 달리 나타난다. 조사와 어미를 모두 단어로 인정하지 않는
견해도 있고, 조사와 어미를 모두 단어로 인정하는 견해도 있다. 현행
학교문법에서는 어미는 단어로 인정하지 않고 조사만 단어로 인정하는
절충적 견해를 교수 · 학습 내용으로 구성하고 있다. 학교문법에서는
{철수가 영희의 일기를 읽은 것 같다}를 아홉 개 단어로 구성된 표현으
로 본다.

■ 〈한글 맞춤법〉 제1장 제2항에서는 '문장의 각 단어는 띄어 씀을 원칙
으로 한다.'고 하면서 해설에서 '다만, 우리말의 조사는 접미사의 범주
에 포함시키기 어려운 것이어서 하나의 단어로 다루어지고 있으나, 형
식 형태소이며 의존 형태소이므로 그 앞의 단어에 붙여 쓰는 것이다.'
라고 덧붙이고 있다.

◆ ⟨Oxford Dictionary⟩에서 제시한 단어의 정보는 다음과 같다.

word noun
1. a single distinct meaningful element of speech or writing, used with others (or sometimes alone) to form a sentence and typically shown with a space on either side when written or printed :
'*I don't like the word 'unofficial'*'
'*why so many words for so few ideas?*'

■ ⟨Oxford Dictionary⟩에 따르면, 단어는 말과 글을 구성하는 하나의 의미단위로 정의할 수 있다. 글에서는 띄어쓰는 공간으로 단어를 구별할 수 있다. 곧 영어의 문자언어에서는 여백이 단어를 구별하는 기준으로 활용된다. {*I don't like the word 'unofficial'*}는 여섯 개 단어로 구성된 표현으로 본다. 이러한 정의는 문자가 없는 언어나 띄어쓰기를 하지 않는 문자언어, 조사나 어미 및 접사가 발달한 첨가어에는 적용하기 어렵다. 따라서 단어에 대한 정의도 언어에 따라서 달라진다.

02. 단어 교육

◆ 2012년 고시된 선택 교육과정 〈독서와 문법〉에서는 "단어의 형성 과정을 이해하고 새말이 만들어지는 원리를 탐구한다."에 초점을 맞추어 다음과 같은 내용 성취 기준을 제시하고 있다 : "파생어, 합성어를 통하여 단어의 형성 과정을 이해하고, 새말이 만들어지는 원리를 탐구할 수 있다. 새로운 단어를 만드는 데 자주 사용되는 표현이 무엇인지 살피고 부분보다는 전체 속에서 단어 형성 과정을 이해하도록 한다. 특히 상품, 가게, 동아리, 동호회 등의 이름, 축약어 등에서 새말을 만드는 방법을 창의적으로 탐구하도록 한다."

◆ 2012년 고시된 공통 교육과정에서는 중학교 1~3학년군 내용 성취 기준에서 단어에 관한 교육 내용을 찾을 수 있다. 곧 다음과 같은 성취 기준을 바탕으로 단어의 교수·학습 내용을 구성할 수 있다.

단어의 짜임을 분석하고 새말이 만들어지는 원리를 이해한다.

국어의 단어 형성법에 대한 이해는 기존의 다양한 단어에 대한 국어 인식 능력을 높일 뿐만 아니라 새롭게 생성되는 새말의 특징을 이해하게 함으로써 일상적 국어 생활의 양상을 자각하고 단어의 세계에 흥미를 갖게 할 수 있다. 국어 단어 형성법을 먼저 이해시킨 뒤 최근에 새롭게 생성된 다양한 새말의 단어 형성 방법을 분석해 보는 활동을 할 수 있다. 왜 어떤 단어는 쉽게 사라지는데 또 다른 단어는 항구성을 지니게 되는지를 새말의 뜻과 사용 상황, 단어 형성 방법 등을 통하여 종합적으로 분석하면서 단어의 신생, 성장, 소멸의 과정을 토의해 보게 한다. 의사소통 상황에 적합하면서도 형태적으로 적절한 새로운 단어를 만들어 보는 과정을 통하여 국어 생활에 대한 통찰력과 창의적 사고력을 기르게 하고, 단어의 신생, 성장, 소멸 과정에 대한 자각과 호기심을 바탕으로 국어 의식이 고양될 수 있도록 지도한다.

03. 단어의 구조와 유형

◆ 단어와 형태소 : 단어는 의미나 기능을 가진 형태소 形態素 *morpheme*로 구성된다. 형태소는 의미나 기능을 지닌 최소단위이다. 예를 들면 다음과 같다.

■ {아침이 되었다}는 다음과 같이 바꿀 수 있다.

- 밤이 되었다
- 아침은 되었다
- 아침은 먹었다
- 아침이 되겠다
- 아침이 되었지

⇒ 이 표현은 5개 형태소 {아침, 이, 되, 었, 다}로 구성되었다. 그러나 단어는 3개 {아침, 이, 되었다}이다.

◆ 단어는 형태소 단위와 같거나 크다.

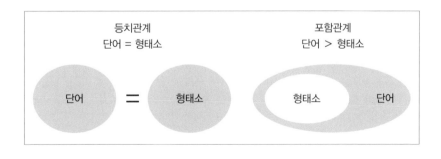

⇒ 단어는 하나 이상의 형태소를 포함할 수 있지만, 형태소는 하나 이상의 단어를 포함할 수 없다. 따라서 하나 이상의 형태소가 단어를 구성할 수는 있지만, 하나 이상의 단어가 형태소를 구성할 수는 없다 (김영배·신현숙, 1987:41 참조).

◆ 형태소와 단어는 다음과 같은 차이가 있다

- 형태소 : 새 → 새(단어)
- 두 형태소 : 풋+사과 → 풋사과(단어)
- 네 형태소 : 동+서+남+북 → 동서남북(단어)
- 단어 : 사과 → 사과(한 형태소)
- 단어 : 놀다 → 놀+다(두 형태소)
- 단어 : 두꺼비집 → 두꺼비+집(두 형태소)
- 단어 : 들장미 → 들+장미(두 형태소)

◆ 한국어 단어는 다양한 언어형식을 대상으로 다양한 방법으로 구성된다. 그 구조를 바탕으로 단어의 유형을 정리하면 다음과 같다.

단어		
단일어 *simple word*	복합어 *complex word*	
	하나의 어휘형태소에 접사 결합 또는 두 개 이상의 어휘형태소로 구성된 단어	
	합성어 *compound word*	파생어 *derivation word*
옷, 집, 사과, 산 山, 동 東, 골프 *golf*, 가다, 작다, 을, 만 등	둘 이상의 어휘형태소로 구성된 단어 : 겨울옷, 빵집, 대구사과, 남산 南山, 앞뒤, 남북 南北, 벗어나다, 뛰놀다, 나가다, 높푸르다	어휘형태소에 접사가 결합하여 구성된 단어 : ·접두 파생 : 풋사과, 헛꿈, 새파랗다 ·접미 파생 : 놀이, 빨리, 공부하다

◆ 〈표준국어대사전〉에서는 합성어에 대한 정보를 다음과 같이 제공한다.

합성-어02 (合成語) [-썽-] 「명사」 『언어』
둘 이상의 실질 형태소가 결합하여 하나의 단어가 된 말. '집안', '돌다리' 따위이다.
≒겹씨·복합사.

◆ 합성어는 최종적으로 구성되는 단어의 품사가 무엇이냐에 따라서 합성 명사, 합성 대명사, 합성 수사, 합성 동사 등으로 나눌 수 있다.

합성 명사	앞뒤, 길거리, 큰형, 디딤돌
합성 대명사	이것, 여러분, 그이
합성 수사	한둘, 대여섯, 예닐곱
합성 동사	갈아입다, 기뻐하다, 좋아하다
합성 형용사	손쉽다, 쓰디쓰다, 맛있다, 가만있다
합성 관형사	한두, 온갖, 여남은, 몹쓸
합성 부사	곧잘, 하루빨리, 가끔가다

◆ 합성어는 합성 방법에 따라 통사적 합성어와 비통사적 합성어로 나눌 수 있다.

통사적 합성어	비통사적 합성어
(통사론적인 시각에서 볼 때) 두 어근 또는 단어가 연결된 방식이 <u>문장에서의 구나 어절의 구성 방식과 일치하는 것</u>	두 어근 또는 단어가 연결된 방식이 문장에서의 구나 어절의 구성 방식과 <u>일치하지 않는 것</u>
큰집, 들어가다	늦가을, 검붉다

■ 통사적 합성어는 단어의 결합인 구 또는 절과 구별해야 한다. {큰 집}과 {큰집}에서 전자는 절이지만 후자는 단어이다. {큰 집}은 {(대문이)큰 집} 또는 {(창문이)큰 집}과 같은 의미인 반면 {큰집}은 [집안의 맏이가 사는 집] 또는 [분가하여 나간 집에서 종가를 이르는 말]의 의미를 지닌다.

■ 비통사적 합성어는 두 어근 또는 단어의 결합 방식이 구나 어절의 구성 방식과 일치하지 않기 때문에 통사적 합성어에 비해 생산성이 낮다. {늦가을}은 [늦은 가을]인데 어간인 {늦}만 쓰여서 비통사적 합성어를 이룬다.

◆ 합성어는 원래의 어근에서 모습이 바뀌어 형성되기도 한다.

- 솔+나무 → 소나무, 말+소 → 마소 : ㄹ탈락
- 코+등 → 콧등, 초+불 → 촛불 : ㅅ첨가
- 설+달 → 섣달, 이틀+날 → 이튿날 : ㄹ을 ㄷ으로 교체
- 조+쌀 → 좁쌀, 저+때 → 접때 : ㅂ첨가

◆ 〈표준국어대사전〉에서는 파생어에 대한 정보를 다음과 같이 제공한다.

> **파생-어** (派生語) 「명사」 『언어』
> 실질 형태소에 접사가 결합하여 하나의 단어가 된 말. 명사 '부채'에 '-질'이 붙은 '부채질', 동사 어간 '덮-'에 접미사 '-개'가 붙은 '덮개', 명사 '버선' 앞에 접두사 '덧-'이 붙은 '덧버선' 따위가 있다.

◆ 파생어는 접사의 위치에 따라서 접두파생어와 접미파생어로 나눌 수 있다.

접두파생어

· 군-:군말, 군불, 군살, 군소리, 군침, 군더더기, 군것질
· 짓-:짓누르다, 짓밟다, 짓이기다, 짓찧다
· 새-/시-:새빨갛다/시뻘겋다, 새파랗다/시퍼렇다, 새까맣다/시꺼멓다
· 헛-:헛고생, 헛걸음, 헛기침, 헛농사, 헛소리, 헛수고, 헛일, 헛늙다, 헛돌다

접미파생어

· -꾼:구경꾼, 나무꾼, 낚시꾼, 살림꾼, 일꾼, 지게꾼, 짐꾼, 춤꾼
· -(으)ㅁ:가르침, 믿음, 싸움, 울음, 죽음, 귀여움, 기쁨, 슬픔, 아픔, 외로움, 즐거움
· -하-:공부하다, 구경하다, 노력하다, 사랑하다, 실망하다, 축하하다
· -거리-:꿈틀거리다, 머뭇거리다, 반짝거리다, 방실거리다, 출렁거리다
· -롭-:명예롭다, 신비롭다, 자유롭다, 풍요롭다, 향기롭다, 평화롭다
· -이:길이, 높이, 먹이, 벌이, 젖먹이, 옷걸이, 목걸이, 재떨이
· -히:가득히, 가만히, 능히, 따끔히, 마땅히, 막연히, 상당히, 아득히

⇒ 접미파생법은 어근의 품사를 바꿀 수 있다.

◆ 접두사 接頭辭 *prefix*는 어근이나 단어의 앞에 결합하는 접사로, 접미사에 비해 그 종류가 훨씬 적으며 몇 개의 예를 제외하고 어근의 품사를 바꾸지 않는다. 반면, 접미사 接尾辭 *suffix*는 어근이나 단어의 뒤에 결합하는 접사로 그 종류가 많으며 명사, 동사, 형용사, 부사 등 거의 모든 품사에서 나타난다.

■ 이관규(2007)에서는 접두사 '메-', '강-'이 동사 '마르다'를 형용사로 바꾸고, 접두사 '수-', '엇-'이 동사 '되다'를 형용사로 바꾸는 역할을 한다고 설명한다.

◆ 접미사에는 형태는 같지만 파생어의 품사는 다르게 나타나는 것이 있다. 접미사의 기능은 파생 단어의 품사를 중심으로 결정한다.

■ {-이} 또는 {-이-}

- 명사 파생 : 길이, 높이, 먹이, 벌이, 젖먹이, 옷걸이, 목걸이
- 부사 파생 : 다달이, 집집이, 근근이, 깨끗이, 두둑이, 아낌없이
- 피동 파생 : 베이다, 놓이다, 떼이다, 매이다, 쌓이다
- 사동 파생 : 녹이다, 먹이다, 붙이다, 속이다, 줄이다

◆ 접미사는 조사와 어미와는 달리 앞에 오는 어근 또는 단어와의 결합에 제약이 많다. 그러나 일부 접미사는 어근과의 결합이 자유로운 편이라 조사와 구별이 어려운 경우도 있다.

- {-들} : 그들, 너희들, 사람들, 우리들, 친구들, 동생들
- {-쯤} : 그쯤, 내일쯤, 얼마쯤, 이쯤, 중간쯤

◆ 한국어 사용자는 모음이나 자음을 교체하여 새로운 단어를 만들기도 하고 음절을 교체하여 새로운 단어를 만들기도 한다. 예를 들면 다음과 같은 자료가 이에 속한다.

모음 교체	자음 교체
· 맛 (ㅏ) : 멋 (ㅓ) · 작 (다) (ㅏ) : 적 (다) (ㅓ) · 남 (다) (ㅏ) : 넘 (다) (ㅓ) · 졸졸 (ㅗ) : 줄줄 (ㅜ) · 팔락거린다 (ㅏ) : 펄럭거린다 (ㅓ)	· 빗 (ㅅ) : 빛 (ㅈ) · 불 (ㅂ) : 풀 (ㅍ) · 단단하다 (ㄷ) : 딴딴하다 (ㄸ) · 주루룩 (ㅈ) : 쭈루룩 (ㅉ)
음절 교체 : 이만저만, 싱글벙글, 오락가락, 들락날락, 아리랑쓰리랑	

◆ 한국어 사용자는 말의 높낮이인 억양 抑揚 *intonation*, 서로 닿아서 소리

가 변하는 연접 連接 *juncture*, 말의 길이인 장단 長短 *length*, 문장이나 단어
에서 강하게 발음하는 강세 強勢 *stress*와 같은 운소를 활용하여 의미를 전하
기도 한다.

억양	· (엘리베이터 문앞에서) 올라가요↘ 내려가요↘ [대답] · (엘리베이터 문앞에서) 올라가요↗ 내려가요↗ [물음]
연접	· 현수가방에 들어간다 [벌레가 현수 가방으로 들어간다] · 현수가 방에 들어간다 [현수가 방으로 들어간다]
장단	· 산ː 사람 [살아있는 사람] · 산사람 [산에서 생활하는 사람]
강세	· 밥을 먹고 오너라 [다른 음식이 아닌 밥을 먹고] · 밥을 먹고 오너라 [어떤 음식이든 먹고] · 밥을 먹고 오너라 [오는 동작을 하여라]

■ 한국어 음절 수는 글자 수와 같다 : {말}은 1 음절어, {학생}은 2 음절어,
{선생님}은 3 음절어, {노래하다}는 4 음절어이다.

? 친족어 {큰아버지/ 작은아버지}는 합성어인가 파생어인가? 또한 {큰집/ 작은집}은 합성어인가 파생어인가? 견해를 밝히고 이유를 적어 보자.

단어	유형	이유
{큰아버지/ 작은아버지}		
{큰집/ 작은집}		

? 접미사 {-님}이 쓰인 단어를 찾아서 적어 보자. 그리고 명사로 분류되는 {님}이 쓰인 단어도 찾아서 적어 보자.

형태소	단어
{-님}	
{님}	

? 인터넷에서 사용하는 통신어를 찾아서 단어 형성 과정을 적어 보자.

형태소	단어 형성 과정
열공	
완소남/완판녀	

04. 형태소의 개념과 유형

◆ 단어를 구성하는 최소 단위는 형태소이다. 의미/기능을 기준으로 어휘형태소 語彙形態素 *lexical morpheme*와 문법형태소 文法形態素 *grammatical morpheme*로 나눌 수 있고, 자립성 유무를 기준으로 자립형태소 自立形態素 *free morpheme*와 의존형태소 依存形態素 *bound morpheme*로 나눌 수 있다. 한편 단어를 구성하는 형식이 가리키는 의미/기능의 중요도 또는 비중으로 어근 語根 *root*과 접사 接辭 *affix*, 어간 語幹 *stem*과 어미 語尾 *ending*로 분류한다. 정리하면 다음과 같다.

형태소 「명사」 『언어』
「1」 뜻을 가진 가장 작은 말의 단위. '이야기책'의 '이야기', '책' 따위이다.
「2」 문법적 또는 관계적인 뜻만을 나타내는 단어나 단어 성분. ≒형태질「2」.
〈표준국어대사전 참조〉

〈보기〉 현수가 도서관에서 공부를 한다.

의미/기능을 기준으로
　① 어휘형태소(실질형태소):대상이나 동작, 상태 등 의미를 가리키는 형태소
　　→ 현수, 도서관, 공부, 하-
　② 문법형태소(형식형태소):기능이나 문법 관계를 가리키는 형태소
　　→ 가, 에서, 를, -ㄴ-, -다
자립성 유무를 기준으로
　① 자립형태소:말이나 글 속에서 자립하여 쓰이는 형태소
　　→ 현수, 도서관, 공부
　② 의존형태소:말이나 글 속에서 자립하여 쓰이지 않는 형태소
　　→ 가, 에서, 를, 하-, -ㄴ-, -다
단어를 구성하는 의미/기능 비중을 기준으로
　① 어근, 어간:단어에서 의미/기능이 높은 언어형식
　　→ 도서, 하-
　② 접사, 어미:단어에서 의미/기능이 낮은 언어형식
　　→ -관, -ㄴ-, -다

■ 한국어 동사와 형용사는 의존형태소 범주에 속하지만, 영어 동사와 형용사는 자립형태소 범주에 속한다. 예를 들면 다음과 같다: {가-: go}, {먹-: eat}, {예쁘-: pretty}, {젊-: young}. 곧 모든 언어의 형태소 범주나 유형이 같은 것은 아니다.

■ 의미와 자립성 유무를 기준으로 한 형태소 분류에 따르면, 접사와 어미는 의존형태소에 속한다. 어근과 어간은 어휘형태소인데 어근은 단어에 따라 자립 또는 의존형태소('학생답다'의 '학생'은 자립형태소, '지우개'의 '지우-'는 의존형태소)이고 어간은 의존형태소에 속한다.

◆ 어근과 어간, 접사와 어미의 특징을 비교하면 다음과 같다.

어근	접사
단어 형성, 불변 요소, 접사와 결합	단어 형성, 가변 요소, 어근과 결합
어른-답다, 어른-스럽다, 구경-하다, 구경-꾼, 구경-감	어른-답다, 어른-스럽다, 구경-하다, 구경-꾼, 구경-감
어간	어미
굴절(굴곡), 불변 요소, 어미와 결합	굴절(굴곡), 가변 요소, 어간과 결합
먹-다, 먹-었-고, 예쁘-ㄴ, 예쁘-었-다	먹-다, 먹-었-고, 예쁘-ㄴ, 예쁘-었-다

◆ 형태론 形態論 *morphology*에서는, 단어와 형태소에 대한 정보를 구축하는 데 목표를 둔다. 이를 위하여 단어를 생성하는 다양한 형태소의 유형과 특징, 다양한 방법으로 생성되는 단어 구조 등을 연구한다. 아울러 단어 구조를 분석하여 단어 형성법 또는 단어 생성 원리를 밝힌다. 언어 연구에서 형태론의 위치는 다음과 같이 정리할 수 있다 (김영배·신현숙, 1987:5 참조).

형태음운론				형태통사론	
음운론		**형태론**		통사론	
최소단위	최대단위	최소단위	최대단위	최소단위	최대단위
음소 · 운소		형태소		단어	문장

■ 형태음운론은 형태소와 형태소가 결합할 때 일어나는 음운변화를 대
상으로 연구하는 분야이다. 형태통사론은 형태론과 통사론의 유기적
관련성을 연구하는 분야이다.

◆ 단어의 구조와 유형에 대한 정보는 다음과 같은 목적으로 활용할 수 있다.

• 단어를 이해하고 생성하는 데 활용한다.
• 언어 사용자의 인지 방법을 이해하는 데 활용한다.
• 언어사회와 언어문화를 이해하는 데 활용한다.

◆ 단어의 구조와 유형을 분석하고 해석하는 과정 또한 활용할 수 있다.

• 언어 현상과 규칙을 분석하고 해석하는 능력을 키우는 데 활용한다.
• 언어 현상과 규칙을 생성하고 구축하는 능력을 키우는 데 활용한다.
• 과학적 사고와 탐구능력을 키우는 데 활용한다.

◆ 단어의 형성 과정을 이해하고 새로운 단어가 만들어지는 원리를 탐구하
기 위하여 다음과 같은 교수 · 학습 활동을 할 수 있다.

? 다음에 제시하는 단어의 구조를 분석하고 그 특징을 적어 보자.

단어	구조 분석	특징
기차여행	기차 + 여행	두 단어가 결합한 합성어
한국어 문법		
기념사진		
산나물		
눈사람		
외삼촌		
첫사랑		
새신랑		
전공서적		
햇김치		
햅쌀		
비빔밥		

? 자신이 좋아하는 음식 이름을 적고 그 구조와 특징을 적어 보자.

음식 이름	구조 분석	특징
김치찌개	김치 + 찌개	두 단어가 결합한 합성어

? 다음에 제시하는 단어를 형태소로 분석하고 그 유형을 적어 보자.

단어	구조 분석	형태소 유형
콩나물	콩 + 나물	콩, 나물:자립형태소 어휘형태소
은행잎		
스마트하다		
띔뛰기		
인간적		
대학생들		
소나무		
푸르스름하다		

? 다음에 제시하는 형태소를 활용하여 새로운 단어를 만들어 보자.

형태소	새로운 단어	의미
집		
옷		
왕		
신		
나무		
하늘		
머리		

4장

품사와 품사 교육

01. 품사

◆ 품사는 단어를 분류한 것이다. 〈표준국어대사전〉에 따르면 품사는 기능, 형태, 의미를 기준으로 분류하고, 학교문법에서는 9품사로 분류한다.

◆ 〈표준국어대사전〉에서 제시한 품사 品詞 *parts of speech*의 정보는 다음과 같다.

> **품사** (品詞) [품: -] 「명사」 『언어』
> 단어를 기능, 형태, 의미에 따라 나눈 갈래. 현재 우리나라의 학교문법에서는 명사, 대명사, 수사, 조사, 동사, 형용사, 관형사, 부사, 감탄사의 아홉 가지로 분류한다. ≒씨03.

◆ 언어에 따라 품사 분류 기준/방법/내용이 다르다. 예를 들면 〈Oxford Dictionary〉에서는 품사에 대한 정보를 다음과 같이 제공한다.

> **parts of speech** noun
> a category to which a word is assigned in accordance with its syntactic functions. In English the main parts of speech are noun, pronoun, adjective, determiner, verb, adverb, preposition, conjunction, and interjection. Also called word class.

■ 〈Oxford Dictionary〉에 따르면 영어는 통사 기능에 따라 9품사로 분류한다.

◆ 〈표준국어대사전〉과 〈Oxford Dictionary〉에서 제공하는 정보에 따르면, 한국어와 영어 단어는 다음과 같은 품사로 나눌 수 있다.

한국어	명사 *noun*, 대명사 *pronoun*, 수사 *numeral*, 조사 *postpositional particle*, 동사 *verb*, 형용사 *adjective*, 관형사 *determiner*, 부사 *adverb*, 감탄사 *interjection/ exclamation*
영어	noun, pronoun, adjective, determiner, verb, adverb, preposition, conjunction, interjection/exclamation.

■ 〈표〉에서 보는 바와 같이 한국어와 영어 단어를 분류하는 방법이 다르다. 이와 같은 현상은 한국어와 영어를 구성하는 단어의 특징이 다르고 언어 사용자가 단어를 인지하는 방법도 다르기 때문이다.

◆ 시대와 학자에 따라 품사 분류 기준/방법/내용도 다르다. 몇 가지 예를 살펴본다.

Greek scholar
· Plato : verbs [*rhēma*], nouns [*ónoma*]
· Aristotle : verbs [*rhēma*], nouns [*ónoma*],
       conjunctions (covering conjunctions, pronouns, and the article)

■ 〈표〉와 같이 그리스 학자 플라톤 *Plato*은 문장을 구성하는 성분 곧 단어를 두 갈래로 나누었고 아리스토텔레스는 세 갈래로 나누었다. 플라톤이 제시하는 verbs [*rhēma*]와 nouns [*ónoma*]는 현대 언어학에서 명사구와 동사구가 문장을 구성하는 것으로 설명하는 변형생성이론과도 관련지어 볼 수 있다.

■ 산스크리트 문법에서는 네 품사를 제시하였다.

■ 타미르 언어에서도 네 품사를 제시하였지만 그 내용은 차이가 있다.

◆ 지금까지 살펴 본 다양한 품사 분류를 바탕으로 전통 영어 문법에서는 다음과 같이 8품사를 교육이나 사전 편찬에 활용하고 있다.

◆ 한국어 품사 분류의 역사는 최광옥 선생의 〈대한문전 大韓文典 1908〉과 주시경 선생(1876-1914)의 〈국어 문법 1910〉부터 시작한다. 〈대한문전〉에서는 8품사 곧 명사 · 대명사 · 동사 · 형용사 · 부사 · 후사 後詞 · 접속사 · 감탄사로 분류하였고, 주시경 선생의 〈국어문법〉에서는 다음과 같이 9품사로 분류하였다 (김영배 · 신현숙, 1987 : 47-54 참조).

- "임" (名詞) 여러 가지 몬과 일을 이름하는 기를 다 이름이라 : 사람, 개, 나무.
- "엇" (形容詞) 여러 가지 어떠함을 이르는 기를 다 이름이라 : 크, 단단하.
- "움" (動詞) 여러 가지 움직임을 이르는 기를 다 이름이라 : 가, 날, 자.
- "겻" (助詞) "임"기의 만이나 "움"기의 자리를 이르는 여러 가지 기를 다 이름이라
  : 가, 를, 에.
- "잇" (接續詞) 한 말이 한 말에 잇어지게 함을 이르는 여러 가지 기를 다 이름이라
  : 와, 고, 면.
- "언" (冠形詞) 어떠한 ("임"기)이라 이르는 여러 가지 기를 다 이름이라 : 이, 저, 큰, 두.
- "억" (副詞) 어떠하게 ("움")이라 이르는 여러 가지 기를 다 이름이라 : 다, 잘, 이리, 착하게.
- "놀" (感嘆詞) 놀라거나 느끼어 나는 소리를 이르는 기를 다 이름이라 : 아, 하, 참.
- "끗" (終結詞) 한 말을 다 맞게 함을 이르는 여러 가지 기를 다 이름이라 : 다, 이다, 냐.

⇒ 기 : "분류하여 놓은 낱말"의 뜻.

- 주시경 선생의 품사 분류법은 국어학계에서 분석적 견해로 알려져 있다. 9품사를 제시하였지만 현재 학교문법에서 활용하는 품사체계와는 차이가 있다.

◆ 현재 학교문법에서 활용하고 있는 품사 분류는 최현배 선생(1894-1970)의 〈우리말본 1937, 1977〉에 기반을 두고 있다. 그 내용을 정리하면 다음과 같다.

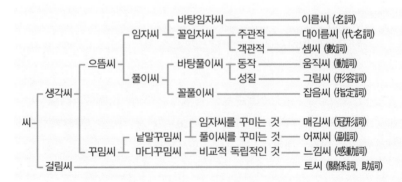

- 최현배 선생의 품사 분류법은 국어학계에서 절충적 견해로 알려져 있

다. 최현배 선생이 잡음씨 곧 지정사 범주로 설정한 품사는 현재 학교문법에서 서술격 조사로 설정하는 범주이다.

◆ 주시경 선생과 최현배 선생의 품사 분류 방법을 자료에 적용해 보면 다음과 같은 차이가 있다.

주시경	해변+에서+ㄴ 밀물+과 썰물+에 유의하+여야 하+ㅂ니+다.
	① ② ③ ④ ⑤ ⑥ ⑦ ⑧ ⑨ ⑩ ⑪ ⑫
	임 겻 겻 임 잇 임 겻 움 잇 움 끗 끗

최현배	해변+에선 밀물+ 과 썰물+ 에 유의하여야 합니다.
	① ② ③ ④ ⑤ ⑥ ⑦ ⑧
	이름씨 토씨 이름씨 토씨 이름씨 토씨 움직씨 움직씨

■ 주시경 선생 견해에 따르면 열두 가지 언어형식으로 분류할 수 있고, 최현배 선생 견해에 따르면 여덟 가지 언어형식으로 분류할 수 있다. 이에 따라 국어학계에서 주시경 선생 견해는 분석적 견해로 보고 최현배 선생 견해는 절충적 견해로 본 것이다.

◆ 학계에서 널리 활용되지는 않았지만 정열모 선생의 〈고급국어문법독본 1948〉, 이숭녕 선생의 〈고등국어문법 1956〉, 이상춘 선생의 〈국어문법 1946〉에서 제시한 품사 분류 방법도 있다. 국어학계에서는 종합적 견해로 알려져 있다. 종합적 견해에서는 어미와 조사를 모두 품사로 인정하지 않았다. 따라서 이 견해에서는 앞서 살펴본 자료를 다섯 가지 언어형식으로 나눈다: {해변에선① 밀물과② 썰물에③ 유의해야④ 합니다⑤}.

02. 품사 교육과 품사 분류

◆ 한국어 품사도 시대와 학자에 따라서 다양하게 분류되었지만 현재 학교
문법에서는 〈표준국어대사전〉에 제시한 9품사 분류법을 따르고 있다. 2012
년 고시된 선택 교육과정 〈독서와 문법〉에서는 "품사 분류를 통해서 개별
단어의 특성을 이해한다."고 밝히면서 품사의 중요성과 품사 분류 기준을
다음과 같이 제시하였다: "개별 단어에 대한 이해는 언어 이해의 출발점이
다. 먼저 국어 단어가 형태, 기능, 의미와 같은 일정한 기준에 따라 품사로
분류되는 원리를 이해한다."

◆ 2012년 고시된 공통 교육과정 중학교 1~3학년군 내용 성취 기준에서 품
사에 관한 교육 내용을 찾을 수 있다. 곧 다음과 같은 성취 기준을 바탕으로
품사 교수·학습 내용을 구성할 수 있다.

품사의 개념과 특성을 이해하고 단어를 적절하게 사용한다.

단어를 품사별로 분류해 보는 경험은 국어적 사고력을 신장시키며 국어에 대한 의식을
높일 수 있을 뿐만 아니라 올바른 국어 생활에도 도움을 줄 수 있다. 품사의 개념과 분류
기준을 이해시킨 뒤 품사별 특성에 맞게 올바로 단어를 사용할 수 있도록 지도한다.
형용사와 동사의 활용 등 국어 활동에서 틀리기 쉬운 현상을 중심으로 품사별 특성을
지도하여 문장 생산 능력을 신장시킬 수 있도록 하고 단어를 올바로 사용하는 습관을 지닐
수 있게 한다.

- 성취 기준에 따르면 품사에 대한 정보는 문장 생산 능력을 신장시키
  는 데도 필요하고 단어를 올바로 사용하는 데도 필요하다.

◆ 한국어 단어는 형태, 기능, 의미와 같은 기준에 따라서 품사를 분류한다. 형태를 기준으로 단어의 형태가 변하지 않는 불변어와 변화어로 나누고, 문장 내에서의 기능을 기준으로 체언/관계언/용언/수식언/독립언으로 나누고, 의미를 기준으로 명사/대명사/수사/조사/동사/형용사/관형사/부사/감탄사로 나눈다.

◆ 한국어 단어는 하나 이상의 품사로 구성되기도 한다. 예를 들면 다음과 같은 자료가 있다.

품사 유형	단어 자료
명사+형용사	멋있다, 맛있다, 천재같다, 값비싸다
명사+명사	고사리손, 수저집, 겨울옷, 콩밥
명사+동사	힘쓰다, 장가가다, 시장보다
부사+부사	군데군데, 중얼중얼, 달그닥달그닥
부사+부사+접사	매끈매끈하다, 올록볼록하다

◆ 품사 교육에 필요한 교수·학습 내용은 〈표준국어대사전〉에 실린 정보를 바탕으로 다음과 같이 구성할 수 있다.

특징	품사		정보와 자료
체언	명사	보통명사	같은 종류의 모든 사물에 두루 쓰이는 명사. 자료로는 '사람, 친구, 엄마, 낙타, 토끼, 해, 달, 별, 시계' 등이 있다.
		고유명사	특정한 사물이나 사람을 다른 것과 구별하여 부르기 위하여 고유의 기호를 붙인 이름. 자료로는 '홍길동, 피카소, 북두칠성, 설악산, 제주도, 한국' 등이 있다.
	대명사	지시대명사	어떤 사물이나 처소 따위를 이르는 대명사. 자료로는 '이것, 그것, 저것, 무엇, 여기, 거기, 저기, 어디' 등이 있다
		인칭대명사	사람을 가리키는 대명사. 자료로는 '나, 너, 당신, 여러분, 그분, 누구, 아무, 자기, 자신' 등이 있다.
	수사	양수사	사물의 수량을 나타내는 수사. 자료로는 '하나, 둘, 셋, 넷, 다섯, 여섯, 일곱, 여덟, 아홉, 열, 일/一/壹, 이/二/貳, 삼/三/參, 사/四, 오/五, 백/百, 천/千' 등이 있다.
		서수사	사물의 순서를 나타내는 수사. 자료로는 '첫째, 둘째, 셋째, 제일, 제이, 제삼' 등이 있다.
관계언	조사	격조사	체언이나 체언 구실을 하는 말 뒤에 붙어 앞말이 다른 말에 대하여 갖는 일정한 자격을 나타내는 조사. 자료로는 주격 조사(이/가), 서술격 조사(이다), 목적격 조사(을/를/ㄹ), 보격 조사(이/가), 관형격 조사(의), 부사격 조사(에, 에서, 보다), 호격 조사(아/야) 등이 있다.

관계언	조사	접속 조사	두 단어를 같은 자격으로 이어 주는 구실을 하는 조사. 자료로는 '와/과, 하고, (이)나, (이)랑' 등이 있다.
		보조사	체언, 부사, 활용 어미 등에 붙어서 특정한 의미를 더해 주는 조사. 자료로는 '은/는, 도, 만, 까지, 마저, 조차, 부터' 등이 있다.
용언	동사		사물의 동작이나 작용을 나타내는 품사. 그 뜻과 쓰임에 따라 본동사와 보조 동사, 성질에 따라 자동사와 타동사, 어미의 변화 여부에 따라 규칙 동사와 불규칙 동사로 나뉜다. 자료로는 '가다, 오다, 놀다, 먹다, 올라가다, 공부하다, 게임하다, 나가다, 울어대다' 등이 있다.
	형용사		사물의 성질이나 상태를 나타내는 품사. 자료로는 '곱다, 아름답다, 어른스럽다, 파랗다, 많다, 높다, 맵다, 착하다, 따뜻하다' 등이 있다.
수식언	관형사		체언 앞에 놓여서, 그 체언의 내용을 자세히 꾸며 주는 품사. 자료로는 '순 살코기'의 '순'과 같은 성상 관형사, '저 어린이'의 '저'와 같은 지시 관형사, '한 사람'의 '한'과 같은 수 관형사 등이 있다.
	부사		용언 또는 다른 말 앞에 놓여 그 뜻을 분명하게 하는 품사. 성분 부사와 문장 부사로 나뉜다. 자료로는 '매우, 가장, 과연, 그리고, 빨리, 널리, 천천히, 조용히, 정말, 참, 무척, 너무' 등이 있다.
독립언	감탄사		말하는 이의 본능적인 놀람이나 느낌, 부름, 응답 따위를 나타내는 품사. 자료로는 '어머나, 아이쿠, 있지, 어, 야' 등이 있다.

- 불변어 : 체언, 관계언, 수식언, 독립언과 같이 형태가 바뀌지 않는 언어형식이 이에 속한다. 단, 관계언 중 서술격 조사는 제외한다.
- 변화어 : 용언, 서술격 조사와 같이 형태가 바뀌는 언어형식이 이에 속한다.

◆ 체언은 문장에서 주로 주어, 목적어, 보어 기능을 하는 명사, 대명사, 수사를 모두 가리키는 말로 불변어이다. 명사는 사물의 이름을 나타내는 단어이고, 대명사는 어떤 대상을 대신 가리키는 단어, 수사는 사물의 수량이나 차례를 가리키는 단어로, 대명사와 수사는 지시성이 내포되어 있다. 명사와 수사는 객관적이고 절대적인 관점에서 사물의 이름 또는 수량을 나타내는 반면, 대명사는 화용적 상황에 의존하여 맥락에 따라 지시 대상이 다르게 해석된다는 차이가 있다.

◆ 한국어에는 다음과 같이 수량을 가리키는 양수사와 순서를 가리키는 서수사가 있다.

수	수량 (基數, cardinal)		순서 (序數, ordinal)
	고유어	한자어	
0	–	영, 공	–
1	하나	일 (一)	첫(번)째
2	둘	이 (二)	둘(번)째
3	셋	삼 (三)	셋(번)째
4	넷	사 (四)	넷(번)째
5	다섯	오 (五)	다섯(번)째
6	여섯	육 (六)	여섯(번)째
7	일곱	칠 (七)	일곱(번)째
8	여덟	팔 (八)	여덟(번)째
9	아홉	구 (九)	아홉(번)째
10	열	십 (十)	열(번)째

◆ 관계언은 체언 뒤에 결합하여 다른 말과의 문법적 관계를 나타내거나 특별한 뜻을 더해주는 말이다. 이때 '다른 말과의 문법적 관계를 나타내는 말'은 격조사이고, '특별한 뜻을 더해주는 말'은 보조사이다.

◆ 조사는 체언뿐만 아니라 부사나 동사/형용사의 활용형, 그리고 어근이

나 문장 뒤에 결합하기도 한다.

- 빨리만 와라.
- 꽃이 예쁘게도 피었구나.
- 어떻게 사느냐가 중요하단다.
- 하늘이 참 깨끗도 하다.
- 집에 가야 되거든요.

■ 한국어 조사는 의미와 기능은 같지만 음운 환경에 따라 형태가 바뀌는 이른바 이형태 異形態 *allomorph*를 갖는다. 대표적으로 주격 조사 {이/가}, 목적격 조사 {을/를}, 보조사 {은/는} 등이 있다.

받침이 있는 형식 뒤	이	을	아	으로	은	과
받침이 없는 형식 뒤	가	를	야	로	는	와

■ 조사는 형태가 변하지 않는 불변어이지만 서술격 조사 {이다}는 활용하기 때문에 변화어 범주에 속한다.

◆ 한국어 조사는 기능과 의미에 따라 격조사, 접속 조사, 보조사 범주로 나눌 수 있다. 예를 들면 다음과 같은 자료가 이에 속한다.

격조사:문장 속에서 체언의 기능을 밝혀주는 조사			
주격 조사	주어임을 표시	{이/가/께서}, {에서[단체]}, {에게서[사람]}	현수**가** 온다 집**에서** 사과를 보냈다
목적격 조사	목적어임을 표시	{을/를}	현수가 책**을** 읽는다

보격 조사	보어임을 표시	{이/가}	물이 얼음**이** 되었다
서술격 조사	서술어임을 표시	{이다}	송이는 소설가**이다**
관형격 조사	관형어임을 표시	{의}	송이**의** 가방은 예쁘다
부사격 조사	부사어임을 표시	{에}, {에서}, {에게}, {께}, {한테}, {(으)로}, {(으)로서}, {(으)로써}, {처럼}, {같이},	현수가 송이**에게** 선물**로** 책을 주었다
호격 조사	부르는 말임을 표시	{아/야}, {(이)여}, {(이)시여}	현수**야**, 학교에 가자

■ 학자에 따라서는 격조사가 격기능만을 지시하는 것이 아니라 의미도 지시한다고 본다. 예를 들면 임홍빈(1979), 신현숙(1982)에서는 목적 격 조사 {를}이 실제 담화 속에서는 [주의집중] 의미를 지시한다고 보 았다.

접속 조사:문장 성분을 같은 자격으로 이어 주는 조사	
{와/과}, {(이)며}, {(이)고}, {(이)랑}, {에다}	현수**와** 송이는 김밥**이랑** 빵을 좋아한다.

보조사:체언에 결합하여 좀더 구체적인 의미를 더하여 주는 조사	
{은/는[주제, 대조]}, {도[역시]}, {만[단독]}, {조차[역시, 최종]}, {부터[시작, 먼저]}, {까지[도착]}, {나[선택]}, {마저[종결, 역시]}, {밖에[더 없음]}, {뿐[단독]}	현수**는** 오늘**도** 학교에 간다 현수는 집**부터** 학교**까지** 뛰어갔다 뛰어가는 사람은 현수**밖에** 없다

■ 학자에 따라서는 보조사 대신에 특수조사라는 용어를 사용하기도 한다.

◆ 하나 이상의 조사가 결합할 때는 순서가 있다. 다음과 같이 자연스러운 자료도 있고 그렇지 않은 자료도 있다. 모국어 화자는 조사 결합 순서를 의식하지 않고 자연스럽게 사용할 수 있지만 외국어로서 한국어를 배우는 학습자는 조사 결합 순서를 문법 항목으로 학습하여야 올바르게 사용할 수 있다.

자연스러운 자료	ㄱ. 너와의 관계를 생각해서 도와주지 (와+의) ㄴ. 송이한테서 편지를 받았다 (한테+서) ㄷ. 너에게만 이야기하는 것이다 (에게+만) ㄹ. 송이한테보다는 너에게 주는 것이 좋겠지 (한테+보다+는) ㅁ. 그는 당시까지는 학생이었다 (까지+는) ㅂ. 친구로부터 빌린 책이다 (로+부터) ㅅ. 외국에서의 생활을 시작하였다 (에서+의)
비문법적인 자료	ㄱ. *공부만뿐 한다 *(만+뿐) ㄴ. *언어와 사실은의 관계 *(은+의) ㄷ. *여기에로 책상이 없다 *(에+로) ㄹ. *이 실험뿐에는 *(뿐+에+는) ㅁ. *자연과학과 산업과학뿐의 결합 *(뿐+의) ㅂ. *장미꽃을도 좋아한다 *(을+도) ㅅ. *송이는 날마다를 살아간다 *(마다+를)

◆ 용언은 문장에서 서술어 기능을 하는 동사와 형용사를 모두 가리키는 말로, 문장 안에서 그 쓰임에 따라 본용언과 보조용언으로 나누고, 활용 형태의 규칙성 여부에 따라서 규칙 용언과 불규칙 용언으로 나눈다.

◆ **본용언**과 **보조용언**: 문장의 실질적인 의미를 나타내는 용언을 본용언이라 하고 본용언의 뒤에 붙어서 의미를 더해 주는 용언을 보조용언이라 한다. 한국어의 보조용언은 화자의 태도를 나타내는 양태 기능을 갖기 때문에 보조용언에 따라서 문장의 어감과 느낌이 달라진다. 보조용언의 종류와 범위는 연구자의 관점에 따라서 차이가 있다.

- 창이는 과자를 먹어 버렸다/댔다/주었다/보았다/두었다
- 창이는 과자를 먹고 있다/말았다/싶다

◆ **규칙 활용**과 **불규칙 활용**: 용언이 활용할 때 어간과 어미가 유지되거나 변화가 있어도 규칙적으로 변화하는 것을 규칙 활용이라 하고, 규칙적으로 설명할 수 없는 활용 현상을 불규칙 활용이라 한다.

- 규칙 활용: 벗다, 벗고, 벗는, 벗으니, 벗어, 벗지
- 불규칙 활용: 짓다, 짓고, 짓는, 지으니, 지어, 짓지
  ⇒ 'ㅅ'이 모음 어미 앞에서 떨어지는 'ㅅ'불규칙 용언

◆ 한국어 어미는 용언 어간과 결합하여 문장이나 발화의 기능과 의미를 구체적으로 밝혀준다. 어미 체계는 용언 끝에 결합하는 어말 어미와 어간과 어말 어미 사이에 결합하는 선어말 어미가 있다.

◆ 용언의 어간, 선어말 어미, 어말 어미의 관계는 다음과 같이 정리할 수 있다.

어간	선어말 어미	어말 어미		형태
	-었-	-으니	=	먹었으니
먹-	-었었-	-고	=	먹었었고
	-겠-	-다	=	먹겠다
먹-	-었-	-다	=	먹었다
	-겠-	-니	=	가겠니
	-ㅆ(았)-	-고	=	갔고
가-	-겠-	-다	=	가겠다
	-ㅆ(았)-	-다	=	갔다

◆ 수식언은 뒤에 오는 말을 수식하거나 한정하기 위하여 첨가하는 관형사와 부사를 모두 가리키는 말이다. 관형사와 부사는 형태가 변하지 않는 불변어인데, 특히 관형사는 다른 단어의 꾸밈도 받을 수 없고 조사도 붙지 않는다. 반면 부사는 다른 부사의 수식을 받는 것이 가능하고 보조사도 붙을 수 있으며, 관형사와 달리 위치 이동이 자유로운 부사도 있다.

◆ 한국어에는 다음과 같은 성분 부사와 문장 부사가 있다.

성분 부사	가만히, 일찍, 이미, 갑자기, 등	누나는 **가만히** 앉아 있다가 **갑자기** 웃었다
	이리, 저리, 그리, 오늘 등	선생님! **이리 좀** 와보세요
	안, 못 등	오늘은 회사에 **안** 가는 날이다
문장 부사	설마, 만약, 제발, 진실로 등	**설마** 그 사람이 그런 말을 했을까?
	그리고, 왜냐하면, 또는 등	현수는 송이한테 생일선물을 주었다 **그리고** 창이는 송이한테 꽃을 보냈다

◆ 독립언은 다른 성분에 매이지 않고 독립적으로 쓰이는 감탄사를 이르는 말로, 형태가 변하지 않는 불변어이다. 감탄사는 조사가 붙지 않고 그 자체만으로 화자의 감정과 의지를 표현할 수 있기 때문에 문장 내에서 이동이 자유로운 편이다.

◆ 한국어에서 독립적으로 쓰이는 언어형식을 유형별로 정리해 보면 다음과 같다.

느낌	감정	아, 아차, 아하, 허허, 아이고, 예끼, 아무렴
	의지	어라, 자, 천만에, 옳지, 좋다. 그렇지, 옛다
호응	부름	여보, 여보세요, 여보게, 얘
	대답	예, 그래, 오냐, 글쎄

◆ 형태소와 단어의 관계, 품사와 단어의 관계는 다음과 같이 정리할 수 있다(김영배 · 신현숙, 1987 : 51 참조).

형태소 ≦ 단어 : 단어는 형태소와 같거나 크다.

형태소 = 단어

단어
형태소 1 형태소 2

품사 ≦ 단어 : 단어는 품사와 같거나 크다.

품사 = 단어

단어
품사 1 품사 2

◆ 품사의 개념과 특성을 이해하기 위하여 다음과 같은 교수 · 학습 활동을 할 수 있다.

? 다음 자료를 바탕으로 고유명사와 보통명사의 차이를 적어 보자.

> · 사람들이 많이 온다. / ?현수들이 많이 온다.
> · 그 친구가 저 친구를 좋아한다. / ?그 현수가 저 현수를 좋아한다.
> · 두 사람 어디 가니? / ?두 현수 어디 가니?
> · 우리는 사람들을 기다린다. / ?우리는 현수들을 기다린다.

? 사람을 부르거나 가리킬 때 어떤 표현을 사용하는지 적어 보자.

사람을 부를 때 (호칭어)	
사람을 가리킬 때 (지칭어)	

? 서술격 조사와 다른 격조사의 공통점과 차이점을 적어 보자.

공통점	차이점

? 다음 자료를 바탕으로 동사와 형용사의 차이를 적어 보자.

· 현수가 자리에서 일어난다./ ?북한산이 일어난다.
· 올해는 장미가 귀하다./ *올해는 장미가 귀한다
· 노래하는 송이가 왔다./ *부지런하는 송이가 왔다.
· 춤을 추려고 왔니?/ *예쁘려고 화장을 하니?
· 일어나라!/ ?착하라!

? 사전 정보를 바탕으로 품사의 특징을 적어 보자.

내일(來日)
[I] 「명사」
「1」 오늘의 바로 다음 날.
≒명일03(明日).
「2」 다가올 앞날.
[II] 「부사」 오늘의 바로 다음
날에.

이런01
[I] 「관형사」 상태, 모양, 성질 따위가 이러한.
[II] '이리한'이 줄어든 말.
【이런〈훈언〉←이러- + -ㅎ- + -ㄴ】
이런02
「감탄사」 뜻밖에 놀라운 일이나 딱한 일을 보거나
들었을 때 하는 말.

〈표준국어대사전 참조〉

? 다음 자료에 쓰인 단어의 품사를 적어 보자.

오늘		오늘부터 운동 좀 해라!
		현수가 오늘 왔는데…
크다		저 집이 더 크다.
		너는 계속 키가 크는구나!
만큼		일한 만큼 대접을 받아야지!
		너만큼만 하면 걱정이 없겠다.
같이		오늘은 아빠와 같이 가야지!
		보름달같이 둥근 얼굴
마흔		서른에 열을 더하면 마흔이다.
		마흔 살이 되면 무엇을 하고 싶니?

5장

어휘와 어휘 교육

01. 어휘와 어휘력

◆ 어휘는 하나 이상의 어휘 목록 *lexical entry* 또는 어휘소 *lexeme*를 모두 가리킨다. 예를 들어 한국어 친족 어휘는 친족을 가리키는 어휘소의 집합이고, 한국어 어휘는 한국어 사용자가 두루 사용하는 모든 어휘 목록을 가리킨다. 어휘는 사전의 표제어에서 보는 바와 같이 형태소, 단어, 관용구, 속담 등 그 단위가 다양한 언어형식을 모두 가리킨다. 사전 표제어 중에서 단어의 비중이 높다보니 어휘를 단어와 같은 개념으로 사용하기도 한다. 그러나 단어는 어휘를 구성하는 하나의 어휘소이다.

◆ 한국어 어휘 정보는 다양한 사전류에서 찾을 수 있다. 예를 들면, (한)국어사전, 유의어사전, 반의어사전, 방언사전, 전문어사전, 관용어사전, 한영사전, 영한사전, 한중사전, 그림사전, 한국어학습사전, 속담사전, 시어사전, 속어사전 등에서 한국어 어휘에 관한 정보를 찾을 수 있다.

◆ 어휘력은 어휘에 대한 정보, 어휘에 대한 지식, 어휘를 이해하고 사용하는 능력 등을 모두 포함한다. '어휘력이 뛰어나다'고 하면 어휘에 대한 정보와 지식이 풍부하고, 어휘를 정확하게 이해하고 상황에 맞도록 적절하게 사용하는 능력을 두루 갖추었음을 뜻한다.

◆ 언어 규칙 및 언어사용에 관한 언어습득은 일정한 시기에 주로 이루어지는 반면, 어휘는 평생 학습한다는 점에서 차이가 있다. 또한 유아기와 유년기, 청소년기와 성인기, 중장년기와 노년기에 각각 학습하는 어휘가 다르고 시대/장소/계층/소속사회 등에 따라 사용하는 어휘도 다르다. 따라서 올바

른 의사소통에 적합한 어휘력을 갖추기 위해서는 성장 시기마다 적절한 어휘 학습이 이루어지도록 해야 한다.

◆ 모든 언어 사용자의 어휘력이 똑같은 것은 아니다. 어휘에 대한 정보와 지식도 다르고 어휘를 이해하고 사용하는 능력도 차이가 있다. 그 차이는 얼마나 많은 어휘를 학습하고 경험하느냐에 따라 달라진다. 예컨대 독서량이 많은 언어 사용자가 독서량이 적은 언어 사용자보다 어휘력이 풍부할 것이다. 또한 외국어를 학습하거나 사용한 경험에 따라 어휘력이 다른 경우도 쉽게 찾아볼 수 있다. 특히 외국어의 영향으로 만들어진 신조어나 전문어의 경우에는 외국어를 학습하거나 사용한 언어 사용자가 더욱 풍부하게 어휘를 이해하고 사용한다.

02. 어휘 교육과 어휘 항목

◆ 어휘 교육은 언어능력 특히 이해력과 표현력을 신장시키는 데 크게 기여한다. 뿐만 아니라 실제 언어생활 속에서 담화를 이해하거나 생성하는 데도 어휘 교육이 필요하다. 김광해(1997)에서는 "완전하고 수준 높은 언어 구사 능력을 기르기 위하여, 이해력 및 표현력 신장에 관련된 어휘의 양적 측면과 질적 측면을 신장시키는 것을 목표로 하는 교육"을 어휘 교육의 목표로 제시하였다.

◆ 2012년 고시된 고등학교 국어과 교육과정에 실린 어휘 교육 내용은 다음과 같다.

> **어휘의 체계와 양상을 이해하고 그것을 상황에 맞게 활용한다.**
>
> 단어의 집합인 어휘는 체계와 양상이라는 차원으로 이해할 수 있다. 어휘는 고유어, 한자어, 외래어와 같이 어종(語種)에 따라 체계를 세울 수도 있고, 어휘의 특성이나 의미 관계에 따라서 그 양상을 살펴볼 수도 있다. 지역 방언은 물론이고 세대, 성별, 사회 집단 등에 따라 분화되는 사회 방언을 통하여 다양한 어휘의 양상을 이해하고 담화 상황에 맞게 적절한 어휘를 활용하도록 지도한다.

◆ 어휘 교육에서 다루는 어휘 항목 가운데는 다른 어휘 항목과 차이를 보이는 부류도 있다. 관용구와 속담이 여기에 속하는데 대부분 단어 층위보다 그 단위가 크기 때문에 다른 어휘 항목과는 형식에 있어서 차이를 보인다.

◆ 어휘 항목은 형태나 의미를 기준으로 하나의 어휘장으로 묶이기도 한다. 곧 형태를 기준으로 명사 범주에 속하는 어휘 항목을 묶어서 하나의 어휘장

을 설정할 수도 있고, 의미를 기준으로 음식과 관련된 어휘 항목을 묶어서 하나의 어휘장을 설정할 수도 있다.

- 명사 : 노래, 소리, 맛, 물, 종이, 교실, 책, 연필, 운동, 음악 등
- 음식 : 떡, 김치, 불고기, 갈비, 칼국수, 콩나물, 잡채, 신선로, 라면, 스파게티, 짜장면 등

■ 형태나 의미를 바탕으로 개발한 사전에서도 다양한 어휘장을 찾아볼 수 있으며, 현재 한국어 교육 현장에서도 이와 같은 어휘장을 적극 활용하고 있다.

? 속담과 사자성어 四字成語의 공통점과 차이점을 정리해 보자.

구분	속담	사자성어
공통점		
차이점		

03. 어종에 따른 한국어 어휘 범주

◆ 한국어 어휘는 어떤 언어를 기반으로 구성되느냐에 따라 크게 세 가지 유형으로 나눌 수 있다 : 고유어, 한자어, 외래어.

- 고유어 : {옷, 집, 밥, 봄, 여름, 빨강, 먹다, 가다, 자다, 놀다, 빨리, 곱다}와 같이 한국어를 기반으로 생성된 어휘
- 한자어 : {학교 學校, 부모 父母, 춘하추동 春夏秋冬, 초록 草綠}과 같이 한자를 기반으로 생성된 어휘
- 외래어 : {골프 *golf*, 컴퓨터 *computer*, 라디오 *radio*, 뉴스 *news*, 스포츠 *sports*}와 같이 외국어를 기반으로 생성된 어휘

◆ **고유어** : 한국인의 정서와 문화에 관한 정보를 담고 있고, 기초 어휘로 사용되는 특징이 있다. {아버지, 어머니, 아들, 딸, 언니, 오빠} 등을 포함하는 친족어, {몸, 눈, 코, 입, 귀, 얼굴, 손, 발, 다리} 등을 포함하는 신체어, {맵다, 짜다, 달다, 싱겁다, 시다, 맛, 곱다, 차다, 뜨겁다} 등과 같은 감각어, {하얗다, 노랗다, 붉다, 푸르다, 검정} 등과 같은 색채어, {가다, 웃다, 놀다, 자다, 먹다, 쉬다} 등과 같은 동사, {치마, 저고리, 두루마기, 쌀, 밥, 벼, 집, 담, 마루} 등과 같이 생활과 밀접하게 관련되는 기초 어휘는 고유어이다.

◆ 고유어 범주를 설정하는 것이 쉽지는 않다. 한국어 사용자가 고유어로 인지하는 어휘소 또는 단어도 역사나 기원을 살펴보면 만주어/ 몽고어/ 투르크어 등 다양한 언어에서 유입되거나 차용한 것으로 밝혀지기 때문이다. 따라서 고유어 범주를 설정하는 기준은 한국어 사용자의 직관 直觀

*intuition*이라 할 수 있다.

◆ **한자어** : 한자어는 {학문 學問, 민주주의 民主主義, 발전 發展, 경제 經濟, 예술 藝術} 등과 같이 추상적인 개념을 지시하는 데 많이 사용된다. 한자는 들어 온 역사가 길고 한국어 어휘에서 차지하는 비중이 매우 높다. 따라서 학계에서는 한자어를 하나의 유형으로 설정하는 것이 일반적이다. 한자문화 권에서 같은 한자를 사용하기도 하지만, 한자어는 한국어로 귀화한 어휘이 다. 예를 들면, 같은 한자를 사용하여도 한국에서는 [방물관] 博物館, 중국에 서는 [보우관]으로 발음하고, 일본에서는 [하쿠부츠칸]으로 발음한다.

■ 국립국어원(2002 : 51)에 따르면 〈표준국어대사전〉에 실린 표제어 중에서 한자어는 57.3%이고, 고유어는 25.2%, 한자어와 고유어가 결합한 단어는 8.3%이다.

◆ 한자어는 고대 국어 시기에 '국호, 왕명, 관명, 지명'과 관련된 고유명사가 한자로 대체되면서 유입되었는데, 고려 시대 이후에는 일상어로 깊이 침투하였다. 한자어는 단어 형성 관점에서 생산성이 높으며, 전문화 및 세분화된 복잡한 개념을 집약적으로 표현하는 데에 효율적이다. 예를 들어 사람을 나타내는 {인 人}은 '경제인, 교양인, 국악인, 예술인, 대리인, 정치인, 방송인, 전문인' 등 많은 단어를 만들어낸다.

◆ **외래어** : 외국 문화와 함께 들어온 외국어를 한국어 사용자가 한국어처럼 인지하고 사용하는 어휘이다. 그 결과 {버스 *bus*, 택시 *taxi*, 첼로 *cello*, 스파게티 *spaghetti*} 등은 〈표준국어대사전〉에도 실려 있다. 그러나 최근 한국어 사용자가 자주 사용하는 {스마트폰 *smart phone*}은 아직 〈표준국어대사전〉에 실리지 않은 외국어이다. 한국어 사용자가 어떻게 인지하느냐에 따라 외

래어 또는 외국어로 분류된다.

- 외래어는 외국 문화의 유입과 밀접한 관련이 있다. 고대 및 중세 시기에는 불교 문화의 유입으로 관련 어휘가 함께 들어오고, 근대 시기에는 일본 문화와 서구 문물의 유입으로 많은 외래어가 유입되었다.

◆ 고유어, 한자어, 외래어 범주에 속하는 어휘는 다음과 같이 다양한 방법으로 결합하여 새로운 어휘를 생성한다.

- 한자어+고유어 : 앞문 {앞+門}, 창살 {窓+살}, 초가집 {草家+집}, 노래방 {노래+房}
- 외래어+고유어 : 구두주걱 {クシ+주걱}, 스마트하다 {smart+하다}, 양털코트 {羊+털+coat}

◆ 어휘는 수 數와 양 量을 정확하게 측정할 수 없는 개방적인 집합이다. 집합을 이루고 있는 어휘소가 없어질 수도 있고, 새로운 어휘소가 생성되어 집합에 포함될 수도 있다. 뿐만 아니라 하나의 어휘소가 하나 이상의 어휘소로 분화될 수도 있고, 하나 이상의 어휘소가 하나의 어휘소로 융합될 수도 있다. 그 과정에서 사어 死語, 신어 新語, 다의어 多義語, 동음이의어 同音異議語 등 다양한 어휘 범주가 생성된다.

- 사전류에서 어휘소의 수와 양을 표기한다면 그 집합은 폐쇄적인 집합으로 볼 수 있다.

04. 기능 및 목적에 따른 한국어 어휘 범주

◆ 한국어 어휘 범주는 표준어로 인정하느냐 그렇지 않느냐를 기준으로 표준어와 방언으로 나눌 수 있다. 표준어는 한국에서 공식 언어로 사용하는 어휘 범주이다. 따라서 교육 현장에서도 표준어로 교수·학습 활동을 한다. 표준어는 어문 규정 총칙에서 다음과 같이 규정하고 있다 : **표준어는 교양 있는 사람들이 두루 쓰는 현대 서울말로 정함을 원칙으로 한다.** 〈표준국어대사전〉에서 방언으로 표시하지 않은 어휘 항목은 모두 표준어이다. 한편, 방언은 사용 지역 또는 사회 계층에 따라 분화된 말의 체계로 〈표준국어대사전〉에서 『방언』으로 표시하고 있다. 예를 들면, {개구리}는 표준어이고 {가개비}는 {개구리}를 가리키는 제주 방언이다.

◆ **방언** 方言 *dialect*은 사용 지역 또는 사회 계층에 따라 지역 방언과 사회 방언으로 분류할 수 있다. 학교 교육과 언론 매체를 통하여 표준어 교육이 확산되면서 지역 방언 사용자는 점차 줄어들고 있다. 그 결과 방언사전에 실린 표제어 중에는 사용되지 않는 어휘가 상당수 포함되어 있다. 예컨대 표준어 {상추}와 방언 {상치, 상초, 생추, 생초, 송추, 단장초, 부루}의 경쟁에서 표준어 {상추}만 남아 있다. 이와 같은 현상은 사회 방언에서도 나타난다. 은어나 속어 사전에 실린 표제어도 새로운 어휘로 바뀌거나 사라지고 있다. 최근에는 다양한 매체를 통하여 새로운 어휘가 생성되거나 유행하는 어휘가 많아지고 있다.

◆ 방언은 다음과 같은 점에서 가치가 있다.

- 방언을 사용하면서 친근함 또는 소속감을 느껴 원만한 의사소통이 이루어진다.
- 국어의 역사와 문화를 연구하는 데 좋은 자료가 된다.
  → 의붓어미, 계모:다슴어미, 다슴어미 (중세 국어), 다삼어미 (경상도 방언)
- 어휘 목록을 확장시키는 데 기여한다.

◆ **은어** 隱語 *slang*는 어떤 계층이나 집단에 속하는 사람들이 자신들만의 의사소통을 하거나 비밀을 유지하기 위하여 특별하게 사용하는 어휘 범주로 계층 방언에 속한다. 은어를 사용하는 계층이나 집단은 상인, 직장, 학생, 군인, 범죄 집단 등이 있다.

◆ 〈국어국문학자료사전(이응백 외:1998)〉에서 제시한 은어 형성 방식은 다음과 같다.

① 음절의 전환(back slang):소금 ⇒ 곰소(심마니말), 지갑 ⇒ 잡지(거지말)
② 반의어:벙어리 ⇒ 앵모(앵무, 거지말)
③ 형상의 유사:권총 ⇒ 뒷다리, 유리창 ⇒ 얼음
④ 색채의 유사:서양인 ⇒ 노랑코
⑤ 연상:의과 대학생 ⇒ 핀세트(학생어)
⑥ 동작:붙잡히다 ⇒ 물리다
⑦ 비유:담배 ⇒ 7센티(학생어)
⑧ 글자풀이:에스비(SB) ⇒ 의남매
⑨ 기타 음절의 생략이나 첨가에 의한 은어(centre slang, gibberish)도 있다

◆ 은어는 다음과 같은 특징이 있다.

- 다른 계층에서 사용하는 어휘라도 자신들만의 은어로 사용할 수 있다.
- 비밀을 만들거나 숨기기 위하여 새로운 어휘를 만들거나 다른 어휘로 바꿀 수 있다.
- 은어라는 사실을 알지 못하도록 일상적인 단어를 사용할 수 있다.

◆ 은어의 발생 동기는 다음과 같이 정리할 수 있다.

  • 위험을 피하거나 행운을 기원하기 위하여 은어를 만들어 사용한다.

    → 심(산삼), 심메꾼(산삼채취인), 어이마니(老人), 왕초(큰 산삼), 곡차(술)

  • 상업적인 목적으로 은어를 만들어 사용한다.

    → 먹주(1), 대(2), 삼패(3), 적은질러(50냥), 너머짝(100냥), 너머질러(150냥)

  • 특정 집단에서 자신과 집단을 보호하기 위하여 은어를 만들어 사용한다.

    → 맹꽁이(수갑), 똘마니(부하), 개털(돈도 면회자도 없는 죄수)

  • 감정을 표현하거나 재미있게 표현하기 위하여 은어를 만들어 사용한다.

    → 쫄짜(쫄병), 피라미(신임장교), 고문관(멍청한 사병)

◆ **속어** 俗語 *slang*는 통속적으로 쓰는 저속한 어휘 범주를 가리킨다. 속어
는 비어 卑語 또는 비속어 卑俗語로 칭한다. 예를 들면 다음과 같은 자료가
이에 속한다:골 때린다[화를 돋우다], 쪽 팔린다[부끄럽다], 방방 뜨다[화를
내다], 쩐다[좋다], 짝퉁[가짜], 짱이다[아주 좋다], 캡이다[아주 좋다]. 속어
도 은어와 마찬가지로 개인 방언이나 계층 방언으로 볼 수 있다.

◆ 속어는 다음과 같은 경우에 만들어 사용한다.

  • 일상어가 재미없다고 느껴지는 경우

  • 단정한 표현이나 권위에서 벗어나고 싶은 경우

  • 새로운 표현을 사용하고 싶은 경우

  • 구체적으로 표현하고 싶은 경우

  • 친밀감을 강하게 표현하고 싶은 경우

◆ 속어와 은어의 차이점과 공통점은 다음과 같이 정리할 수 있다.

속어	은어
· 비밀 정보가 아님 · 위장 기능이 없음 · 낮춤 표현으로 사용함	· 비밀 정보임 · 위장 기능이 있음 · 특정 계층이나 집단에서 사용함
· 언어 사용자에 따라 사용하지 않는 어휘 범주임 · 공식적인 상황이나 높임 표현으로는 사용하지 않는 어휘 범주임 · 생명력이 짧은 어휘 범주임	

◆ **금기어** 禁忌語 *taboo words*는 표준어이지만 언어 사용자가 적절하지 않은 표현이라고 생각하여 사용하지 않는 어휘 범주이다. 예를 들면 신체 명칭, 성 행위, 배설 행위, 죽음, 질병, 형벌과 관련되는 어휘가 이에 속한다. 완곡어 婉曲語 *euphemistic words*는 금기어를 간접적으로 표현하는 어휘 범주를 가리킨다. 언어 사용자, 언어사회, 언어문화에 따라서 금기어와 완곡어의 어휘 범주는 차이가 난다.

금기어	완곡어
천연두	마마/손님
변소	화장실/해우소
유방	가슴
보신탕	영양탕/사철탕/보양탕
운전수	기사

◆ **관용구**와 **속담**은 단어 층위보다 그 단위가 크다. 예를 들면 관용구 {가슴을 열다}는 의미 [속마음을 털어놓거나 받아들이다]를 지시하고, 속담 {가는 말이 고와야 오는 말이 곱다}는 의미 [자기가 남에게 말이나 행동을 좋게 하여야 남도 자기에게 좋게 한다]를 지시한다. 관용구와 속담은 어휘소의 총

체적 의미가 아닌 제 3의 의미를 지시한다는 점에서 어휘 항목으로 설정한
다. 그 결과 사전마다 관용구와 속담을 표제어로 설정하고 그 의미를 제시
한다.

◆ 관용구와 속담의 공통점과 차이점을 정리하면 다음과 같다. 예로 제시한
관용구와 속담은 〈표준국어대사전〉에서 뽑은 것이다.

관용구	속담
· 추상적인 사건이나 사실을 구체적인 사건이나 사실로 표현함 · 특정한 사건이나 사실을 일상적인 사건이나 사실로 표현함 · 언어문화와 언어 사용자의 인지 구조와 인지 방법을 이해할 수 있는 자료임	
· 비유성, 풍자성, 교훈성이 약함 · 전체 어휘소의 의미를 바탕으로 관용구의 　의미를 추리하기 어려움 · 역사성보다는 관습이 드러남	· 비유성, 풍자성, 교훈성이 강함 · 전체 어휘소의 의미를 바탕으로 속담의 　의미를 추리할 수 있음 · 관습보다는 역사성이 드러남
· {바가지(를) 긁다} 　[주로 아내가 남편에게 생활의 어려움에서 　오는 불평과 잔소리를 심하게 하다.] · {사람(이) 되다} 　[도덕적으로나 인격적으로 사람으로서의 　자질을 갖춘 인간이 되다.] · {장단(을) 맞추다} 　[남의 기분이나 비위를 맞추기 위하여 　말이나 행동을 하다.]	· {하나를 보고 열을 안다} 　일부만 보고 전체를 미루어 안다는 말 · {아내가 귀여우면 처갓집 말뚝 보고도 　절한다} 　「1」 아내가 좋으면 아내 주위의 　보잘것없는 것까지 좋게 보인다는 말 · {바늘 가는 데 실 간다} 　바늘이 가는 데 실이 항상 뒤따른다는 　뜻으로, 사람의 긴밀한 관계를 비유적으로 　이르는 말

◆ 한국어 어휘에는 학술이나 전문 분야에서 특별한 의미로 쓰는 전문어 범
주도 있다. 한국어 어휘지만 특정한 전문 분야에서 주로 쓰는 어휘로 사진
에서도 그 분야를 명시한다. 전문 분야를 기준으로 정치, 경제, 농업, 어업,
언어 등 다양한 전문어로 분류할 수 있다. 예를 들면 다음과 같다.

- 맹장-염(盲腸炎)[--념]「명사」『의학』=막창자꼬리염.
- 가느대「명사」『건설』 45도를 이룬 각도.
- 마구리-테「명사」『음악』 장구의 마구리 가장자리에 대는, 쇠로 된 줄.
- 사다리-꼴「명사」『수학』 한 쌍의 대변(對邊)이 평행한 사각형.

◆ 전문어는 다시 학술 전문어와 직업 전문어로 나누기도 한다. 이에 따라 학술용어 사전 또는 전문어 사전 등을 개발하여 활용하기도 한다.

학술 전문어	직업 전문어
· 국어:소리, 음운, 단어, 형태소, 문장, 구, 절, 이야기, 담화 · 물리:마찰력, 중력가속도, 포물선운동, 탄성, 만유인력 법칙 · 음악:보표, 높은음자리표, 홑박자, 화음, 돌림노래, 소프라노	· 전통 건축업:포집, 도리, 서들, 간답, 장부, 충량, 주두, 사모턱 · 농업:삼태기, 지게, 바지게, 쟁기, 쇠스랑, 호미, 곡괭이 · 어업:안강망 어선, 잠수선, 닻배, 주낙배, 통발, 유자망

◆ 전문어에서는 다음과 같은 특징을 찾을 수 있다.

- 다의성이 적다.
- 문맥의 영향을 덜 받는다.
- 감정적인 의미가 드러나지 않는다.
- 대응하는 일반 어휘가 없는 경우가 많다.
- 새말의 생성이 활발하다.
- 제한된 의미나 정의로 사용된다.
- 외국어에서 차용된 어휘가 많다.

◆ 한국어 어휘에는 새로 생긴 말 또는 새로 귀화한 외래어 곧 새말 범주가 있다. 신조어 新造語 또는 신어 新語라고도 한다. 이 범주에 속하는 어휘는 시대상과 문화를 적극 반영하는 특징이 있다.

◆ 새말의 생성 동기와 배경은 다음과 같이 정리할 수 있다.

- 새로운 사물이나 개념을 가리키기 위하여
  → 스마트폰, 프린터, 인터넷, 창조경제, 편집숍, 게임방, 리콜제 등
- 의미를 보완하거나 새로운 의미를 표현하기 위하여
  → 새아가, 고시텔, 빨래방, 떡값, 간고등어, 주말부부, 번개모임 등
- 한자어나 외래어에 대한 말다듬기를 위하여

한자어 ⇒ 새말	외래어 ⇒ 새말
노견 ⇒ 길어깨 부교 ⇒ 뜬다리 연보 ⇒ 해적이	웰빙 ⇒ 참살이 리플 ⇒ 댓글 스크린 도어 ⇒ 안전문 네티즌 ⇒ 누리꾼

■ 새말은 다양한 방법으로 생성된다. 한국어 생성 규칙을 활용하여 만들기도 하고 외국어를 그대로 차용하여 만들기도 한다.

? 고유어 {생각}과 대응하는 한자어를 조사해 보자.

> 〈보기〉 생각이 안 난다 ⇒ 기억이 안 난다
> 극단적인 생각은 도움이 안 된다.
> 현수도 이번 연극에 생각이 있다.
> 이런 일은 생각도 못 했다.
> 서로의 생각이 크게 대립하였다.
> 내일부터 운동을 할 생각이다.
> 송이는 현수 생각만 한다.

? 고유어 {말}과 대응하는 한자어를 조사해 보자.

> 〈보기〉 그 친구와는 말이 통한다 ⇒ 그 친구와는 대화가 통한다.
> 내 사전에 불가능이라는 말은 없다.
> 현수가 전학을 간다는 말이 있다.
> 우리가 먼저 말을 꺼내자.
> 아이가 말을 배운다.
> 사람들은 그의 작품이 추상적이라고 말한다.
> 그 친구는 말이 많다.

? 고유어 {고치다}와 대응하는 한자어를 조사해 보자.

> 〈보기〉 바지를 고쳐주세요 ⇒ 바지를 수선해 주세요
> 이 병원은 병을 잘 고친다.
> 고장 난 문을 고쳤다.
> 낡은 법안을 새로운 법안으로 고쳤다.
> 원고의 오타를 반드시 고쳐야 한다.
> 잘못된 통계 수치를 고쳤다.
> 마음을 고쳐 먹고 길을 떠났다.

? 최근에 많이 쓰이는 외국어를 고유어로 다듬어 보자.

〈보기〉 인터체인지 ⇒ 나들목

? 자신이 자주 쓰는 어휘와 그 특징을 정리해 보자.

〈보기〉 재미있다 ⇒ 긍정적인 의미와 부정적인 의미로 쓴다

착하다

? 한국어 교육 분야에서 사용하는 전문어와 그 의미를 정리해 보자.

분야	학술 전문어	의미
한국어 교육		

문장과 문장 교육

01. 문장

◆ 한국어 문장 文章 *sentence*은 주어 主語 *subject*와 서술어 敍述語 *predicate*
순으로 구성된다. 주어와 서술어 사이에는 목적어 目的語 *object* 또는 보어
補語 *complement*가 쓰일 수 있다. 따라서 한국어는 SOV 언어 유형에 속한
다고 본다.

◆ 한국어 문장은 다양한 문장 성분으로 구성된다. 예를 들면 다음과 같다.

> · 형이 왔다 (주어+서술어(동사))
> · 형이 멋있다 (주어+서술어(형용사))
> · 형이 학생이다 (주어+서술어(명사+서술격 조사))
> · 형이 수박을 먹는다 (주어+목적어+서술어)
> · 형이 아버지가 되었다 (주어+보어+서술어)
> · 형이 누나한테 책을 주었다 (주어+부사어+목적어+서술어)
> · 형이 오고 누나가 갔다 (문장+문장)
> · 형이 오기를 기다린다 (안긴문장+안은문장)

◆ 한국어 문장은 통합 관계를 바탕으로 문장의 길이가 길어진다.

> · 나는 {나+는} (형태소와 형태소의 통합)
> · 제주도 여행 {제주도+여행} (단어와 단어의 통합)
> · 나는 제주도 여행을 하였다 {나는+제주도 여행을 하였다} (구절과 구절의 통합)
> · 나는 제주도 여행을 하면서 좋은 친구를 만났다
> {나는 제주도 여행을 하였다+나는 좋은 친구를 만났다} (문장과 문장의 통합)

◆ 한국어 문장은 계열 관계를 바탕으로 문장이 다양해진다.

현수는	독도	지킴이를	신청하였다.
송이가	제주도	전원주택을	샀다.
창이도	미국	유학을	떠났다.
박교수만	백두산	등반을	못 하였다.
어머니께서는	기차	여행을	좋아하신다.

◆ 한국어 사용자는 의사소통에 어려움이 없으면 문장을 구성하는 성분을 생략하는 경향이 있다. 예를 들면 다음과 같은 대화가 있다.

A : 누가 왔니?   B : 언니 (서술어 생략)

A : 지금 뭐 하세요? (주어 생략)   B : 편지 씁니다 (주어 생략)

A : 언제 오셨습니까? (주어 생략)   B : 오늘 아침에 (주어, 서술어 생략)

A : 저녁 드셨어요? (주어 생략)   B : 먹었습니다 (주어, 목적어 생략)

A : 현수가 선생이 되었구나!   B : 현수가요? (보어, 서술어 생략)

◆ 한국어 사용자는 실제 대화에서 주어와 서술어 곧 문장의 필수 성분을 두루 갖춘 장형문 長形文 *major sentence*보다 주어를 생략하거나 서술어를 생략한 단형문 短形文 *minor sentence*을 더 자주 사용한다.

◆ 〈표준국어대사전〉에서 제시한 문장에 대한 정보는 다음과 같다.

문장 (文章) 「명사」 『언어』
생각이나 감정을 말과 글로 표현할 때 완결된 내용을 나타내는 최소의 단위. 주어와 서술어를 갖추고 있는 것이 원칙이나 때로 이런 것이 생략될 수도 있다. 글의 경우, 문장의 끝에 '.', '?', '!' 따위의 마침표를 찍는다. '철수는 몇 살이니?', '세 살.', '정말?' 따위이다.
≒문02(文)「2」·월01·통사06(統辭).

◆ 문장에 관한 정의와 개념도 학자에 따라서 차이가 있다. 예컨대, 문장을 [단어가 모여서 완전한 사상을 전하는 형식], [최소 또는 확장된 단일한 자립형식의 발화], [어떠한 문법적 형식과도 구조를 이룰 수 있는 문법적 형식] 등으로 정의하였다. 한편 변형생성이론에서는 모국어 화자의 직관을 중시하여 [모국어 화자가 문장으로 인지하면 문장이다]라고 밝혔다. 모국어 화자의 직관을 기준으로 문장을 정의한 것이다.

◆ 한국어 문장을 구성하는 문법 단위와 그 특징을 정리하면 다음과 같다.

문장	· 생각이나 감정을 표현하는 최소 단위 · 의미 : 완결된 내용 · 구성 : 주어와 서술어의 관계를 갖는 단위가 하나 이상이 있음 · 형식 : 문장이 끝났음을 나타내는 표지가 있음
절	· 두 개 이상의 어절이 모여 하나의 의미 단위를 이룸 · 주어와 서술어의 관계를 갖는 단위를 설정할 수 있음 · 더 큰 문장 속에 들어 있음
구	· 둘 또는 그 이상의 어절이 어울려서 하나의 단어와 동등한 기능을 함 · 자체 내에서 주어와 서술어 관계를 가지지 못함 · 문장이나 절 속에 들어 있음
어절	· 띄어쓰기 단위와 일치함 · 조사나 어미와 같이 문법적 기능을 하는 요소들이 앞의 말에 붙어 한 어절을 이룸

◆ 어절, 구절, 문장 단위를 정리하면 다음과 같다.

내 친구는 기차여행을 좋아한다				문장 단위 (1개)
내 친구는		기차여행을 좋아한다		구절 단위 (2개)
내	친구는	기차여행을	좋아한다	어절 단위 (4개)

02. 문장 교육과 문장 구성성분

◆ 2012년 고시된 고등학교 국어과 교육과정에 실린 문장 교육 내용은 다음과 같다.

문장의 짜임을 탐구하여 이해하고 정확한 문장을 사용한다.

문장 성분에 대한 이해를 바탕으로 하여 문장의 짜임을 이해할 수 있다. 기본적으로 문장을 온전한 사고의 표현 단위로 알면서, 주술 관계가 둘 이상 들어 있는 겹문장에서 발견할 수 있는 문장의 짜임을 체계적으로 이해할 수 있도록 하고 문장의 변환을 통하여 어떤 표현 효과가 나타나는지 알아본다. 문장의 짜임을 교수 · 학습하는 데에는 실제 국어 자료를 사용하여 살아 있는 문장의 탐구 및 이해 학습이 되도록 한다.

◆ 한국어를 비롯한 모든 언어는 단어를 결합하는 데에 일정한 규칙을 가지고 있다. 이 규칙을 준수해야 문법적인 문장이 생성되는데, 문장 교육은 한국어 문장에 내재되어 있는 결합 규칙을 교수 · 학습하는 것이다.

◆ 학교문법을 바탕으로 한국어 문장 구성성분을 정리하면 다음과 같다.

	서술어	· 주어의 동작, 상태, 성질 따위를 풀이하는 기능을 하는 문장 성분 · 동사, 형용사, 체언+서술격 조사(이다) · 성격에 따라 필요로 하는 문장 성분의 수가 다름(서술어의 자릿수)
주성분	주어	· 동작 또는 상태나 성질의 주체가 되는 문장 성분 · 체언+주격 조사(이/가, 께서, 에서), 체언+보조사
	목적어	· 서술어(타동사)의 동작 대상이 되는 문장 성분 · 체언+목적격 조사(을/를), 체언+보조사
	보어	· '되다, 아니다'와 같은 서술어의 필수 성분으로 기능하는 문장 성분 · 체언+보격 조사(이/가)

부속 성분	관형어	· 체언을 수식하는 문장 성분 · 관형사, 용언의 관형사형 (용언 어간+-는, -(으)ㄴ, -(으)ㄹ, -던), 체언+관형격 조사(의)
	부사어	· 용언, 관형어, 부사어 등을 수식하는 문장 성분 · 부사, 용언의 부사형, 체언+부사격 조사(에, 에서, (으)로 등)
독립 성분	독립어	· 문장의 어느 성분과도 직접적인 관련이 없는 문장 성분 · 감탄사, 체언+호격 조사(아, 이여)

◆ 주성분은 문장을 이루는 필수적인 성분으로 문장 층위에서 생략할 수 없
는 성분이다. 다만 의사소통 상황에서 추론 가능한 성분에 대해서는 생략할
수 있는데, 특히 한국어 사용자는 주어를 생략하는 경우가 많다.

◆ 부속 성분의 유형은 다음과 같이 관형어와 부사어로 나눌 수 있다.

· {송이가 새 옷을 입었다.}

· {독수리가 아주 높이 날고 있다.}

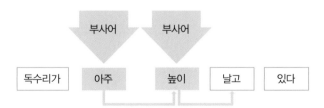

◆ 모든 언어가 문장을 구성하는 성분이 같은 것은 아니다. 영어에서는 다음과 같은 기본 문형을 제시하고 있다.

> · SV : I eat to fill my hunger.
> · SVC : He was a science teacher.
> · SVO : I grabbed the remote control.
> · SVOO : She made me a cup of coffee.
> · SVOC : We consider him a teacher.
> · S : 주어, V : 동사구, C : 보어, O : 목적어

◆ 한국어 서술어는 다음과 같이 동사, 형용사, 서술격 조사를 바탕으로 구성된다.

> · 송이는 요즘 한국어 문법을 **배운다**
> · 송이는 마음이 **좋다**
> · 현수는 우리 학교 축구 **선수이다**

◆ 한국어 서술어는 다음과 같이 어간, 선어말 어미, 어미로 구성된다.

서술어	어간	선어말 어미	어미
오신다	오 -	- 시+ㄴ/는 -	- 다
뛰어갔니	뛰어가 -	- ㅆ -	- 니
좋겠구나	좋 -	- 겠 -	- 구나

◆ 학교문법에 따르면, 한국어 서술어는 주어만 필요로 하는 한 자리 서술어, 목적어, 보어, 부사어를 필요로 하는 두 자리 서술어와 세 자리 서술어

가 있다. 곧 서술어에 대한 정보는 문장 성분을 이해하고 구성하는 데 필요하다.

서술어의 종류	구성	서술어 특징	자료
한 자리 서술어	주어	자동사	<u>개나리가</u> 피었다.
두 자리 서술어	주어+목적어	타동사	<u>아이가</u> 과자를 먹는다.
	주어+보어	{되다, 아니다}만 인정	<u>나는</u> <u>학생이</u> 되었다.
	주어+부사어	{적합하다, 같다, 닮다, 다르다} 등 (자동사)	<u>날씨가</u> <u>농사짓기에</u> 적합하다. <u>나는</u> <u>아빠를</u> 닮았다.
세 자리 서술어	주어+목적어+부사어	{보내다, 주다, 삼다, 두다} 등 (타동사)	<u>현수가</u> <u>연필을</u> <u>송이에게</u> 주었다.

◆ 한국어 주어는 주격 조사와 함께 쓰이거나 부사격 조사, 보조사 또는 영형태 零形態 *zero form*(Ø)와 함께 주어 자리에 쓰이는 경향이 있다. 그러나 자료에 따라서는 하나 이상의 주어가 드러나거나 주어가 명시적으로 드러나지 않는 경우도 있다. 다음 자료에서 밑줄 친 언어형식이 주어이다.

· <u>소나무가</u> 한 그루 서있다. · <u>아버지께서</u> 오늘 떠나셨다. · <u>현수가</u> 키가 크구나.	체언+주격 조사
· 이번에도 <u>우리나라에서</u> 금메달을 땄다. · <u>정부에서</u> 대책을 마련중이다.	체언+부사격 조사
· <u>우리는</u> 영화를 보았다. · <u>너만이</u> 옳은 것은 아니다. · <u>김사장</u> 오셨어요! · Q: (Ø) 어디 가세요? A: (Ø) 부산 갑니다. · 불이야! 적이다!	체언+보조사 체언+보조사+주격 조사 체언+Ø(영형태) 주어 생략 불분명

◆ 어순이 바뀌면 문장 성분도 달라지고 의미도 달라진다. {얼음이 물이 된다}에서 {얼음이}는 주어이고 {물이}는 보어이다. 그러나 순서를 바꾼 {물이 얼음이 된다}에서는 {물이} 주어이고 {얼음이}가 보어이다. 뿐만 아니라 그 의미도 다르다.

◆ 주어 자리에 쓰인 주체가 존대해야 할 대상이면 조사 {께서}와 결합하여 {아버지께서}와 같은 형식으로 사용된다. 이때 서술어도 높임의 선어말 어미 {-(으)시-}가 결합하여야 문장이 자연스럽다.

◆ 한국어 목적어는 목적격 조사와 함께 쓰이거나 보조사 또는 영형태와 함께 목적어 자리에 쓰이는 경향이 있다. 자료에 따라서는 하나 이상의 목적어가 드러나거나 목적어가 명시적으로 드러나지 않는다.

· 나는 <u>수박을</u> 좋아한다.
· 송이는 현수를 <u>선물을</u> 주었다.　　　　　체언+목적격 조사
· 현수가 <u>도서관을</u> 갔다.

· 나는 <u>포도도</u> 잘 먹는다.　　　　　　　　체언+보조사
· 송이는 <u>사과만</u> 좋아한다.　　　　　　　　체언+보조사
· 박사장은 <u>자기 자신만을</u> 생각하는 사람이다.　체언+보조사+목적격 조사
· 너 귤 좋아하니? 아니, 난 <u>오렌지</u> 좋아해.　체언+Ø
· 너 (Ø) 먹었니? 응, (Ø) 먹었어.　　　　　　목적어 생략

■ 학교문법에서는 {나는 수박을 좋아한다}에서 {수박을}과 마찬가지로 {나는 학교를 갔다}의 {학교를}도 목적어로 인정한다. 그러나 {나는 학교를 갔다}는 {나는 학교에 갔다}에서 {학교}를 강조하고자 조사 {를}을 사용한 것으로 본다. 따라서 {나는 학교를 갔다}와 같은 문장에서 조사 {를}은 '목적격 조사의 보조사적 용법'으로 설명한다.

◆ 한국어 보어는 학자에 따라서 인정하는 범위가 다르다. 여기서는 학교문법에서 인정하는 범위만 제시하기로 한다. 학교문법에서는 {되다, 아니다} 앞에 오는 {체언+이/가}로 구성된 문장 성분만 보어로 인정한다. 예를 들면 다음과 같다.

· 현수는 올해 <u>국어선생이</u> 되었다. · 밥이 <u>죽이</u> 되었다. · 송이는 이제 <u>가수가</u> 아니다. · 송선생은 <u>내가 좋아하는 사람이</u> 아니다.	체언+보격 조사

◆ 학교문법에서는 {밥이 죽이 되었다}에서 {죽이}는 보어로 인정한다. 그러나 {밥이 죽으로 되었다/변했다}에서 {죽으로}는 보어로 인정하지 않고 부사어로 설명한다.

◆ 한국어 관형어는 관형사, 체언+관형격 조사, 관형절 또는 체언+영형태로 구성된다. 관형어는 주로 체언을 꾸며주는 문장 성분이다. 예를 들면 다음과 같다.

· 현수는 <u>옛</u> 친구를 만났다.	관형사
· 나는 <u>설악산의</u> 겨울 풍경을 좋아한다.	체언+관형격 조사
· 우리는 <u>창이가 거짓말을 하였다는</u> 사실을 몰랐다.	관형절
· 송이는 <u>남자친구(∅)</u> 사진을 가지고 다닌다.	체언+∅

◆ 관형어는 부속 성분으로 주성분의 내용을 꾸며 주는 역할을 하기 때문에 생략이 가능하지만, 의존명사를 꾸며 줄 때에는 생략할 수 없다. {나는 옛 것이 더 좋다}에서 관형어 {옛}을 생략하면 {나는 ∅ 것이 더 좋다}와 같이 비문법적인 문장이 된다.

◆ 한국어 부사어는 부사, 체언+부사격 조사, 부사+보조사로 구성된다. 예를 들면 다음과 같다.

· 김장김치가 <u>정말</u> 맛있다.	부사
· 우리는 <u>오후에</u> 나가려고 한다.	체언+부사격 조사
· 현수는 <u>종이로</u> 학을 접는다.	체언+부사격 조사
· <u>아침부터</u> 비가 내리고 있다.	체언+부사격 조사
· 아빠가 와서 <u>무척이나</u> 좋은 모양이다.	부사+보조사

◆ 한국어 부사어는 문장 성분을 꾸며주는 성분 부사어와 문장 전체를 꾸며주는 문장 부사어로 나누어 볼 수 있다. 정리하면 다음과 같다.

① 성분 부사어:문장 성분을 꾸며 주는 부사

· 성상 부사 性狀副詞:성질이나 상태를 표현하는 부사:{잘, 매우, 무척} 등
· 지시 부사 指示副詞:장소나 시간을 표현하는 부사:{이리, 그리, 내일, 오늘} 등
· 부정 부사 否定副詞:용언 내용을 부정적으로 표현하는 부사:{아니, 안, 못} 등

② 문장 부사어:문장을 꾸며 주는 부사

· 양태 부사:화자 話者의 태도를 표현하는 부사:{과연, 설마, 제발, 정말, 아마} 등
· 접속 부사:단어와 단어 또는 문장과 문장을 이어 주는 부사:{그리고, 그러나, 곧} 등

◆ 한국어 부사어는 다음과 같이 용언뿐만 아니라 관형사, 부사, 명사까지 수식한다.

· 올해는 단풍 색깔이 <u>정말</u> 곱다.	용언 수식
· 현수 자전거는 <u>아주</u> 새 것이다.	관형사 수식
· 비행기가 <u>무척</u> 높이 날고 있다.	부사 수식
· 내가 찾던 사람이 <u>바로</u> 너다.	명사 수식

◆ 한국어 부사어는 용언과 문장에 따라 꼭 필요한 필수적 부사어와 상대적으로 덜 필요한 수의적 부사어로도 나눌 수 있다. 예를 들면 다음과 같다.

필수적 부사어	수의적 부사어
· 나는 나, 너와는 다르다. · 아버지는 송이를 수양딸로 삼으셨다. · 현수는 아빠와 닮았다. · 선생님께서 현수에게 선행상을 주셨다. · 어제 본 구두는 이것과 다르다. · 그 친구 멋있게 생겼네.	· 나는 나, 너와는 많이 다르다. · 남선생은 일찍이 송이를 수양딸로 삼았다. · 송이는 엄마와 꼭 닮았다. · 친구가 나한테 책을 주었다. · 오늘 산 옷은 정말 예쁘다. · 오늘은 멋있게 춤을 추었다.

◆ 필수적 부사어를 생략하면 문장이 자연스럽지 않다. 상대적으로 수의적 부사어는 생략하여도 문장이 자연스럽다. 이와 같은 현상을 고려하여 학자에 따라서는 필수적 부사어를 보어로 인정하기도 한다. 따라서 필수적 부사어를 문장의 부속 성분으로 보기 어렵다는 견해도 있다.

◆ 관형어와 부사어는 수식하는 문장 성분 앞에 오는 것이 원칙이다. 그러나 문장에서 관형어의 위치가 어느 정도 고정되어 있는 반면에 부사어는 위치 이동이 어느 정도 자유로운 편이다.

· 정말 현수는 수학을 잘한다.	주어 앞
· 현수는 정말 수학을 잘한다.	목적어 앞
· 현수는 수학을 정말 잘한다.	서술어 앞

◆ 한국어 독립어는 다음과 같이 독립적으로 쓰이는 성분을 가리킨다.

· <u>아아</u>, 드디어 기다리던 방학이다!	감탄사
· <u>신이여</u>, 단비를 내리소서.	체언+호격 조사

◆ 담화 속에서 쓰이는 담화 표지도 독립어 범주에 들어간다. 예컨대, {<u>있지요, 저기요</u>, 김치 좀 더 주시겠어요?}, {그렇게 하지요! <u>뭐</u>}, {오늘 빨리 하지! <u>그래</u>} 등에서 밑줄 친 담화 표지도 독립 성분 또는 독립어 범주에 넣을 수 있다.

◆ 지금까지 살펴 본 바와 같이 한국어 사용자는 다양한 문장 성분을 활용하여 다양한 문장을 생성한다. 그 결과 문장의 수는 무한하게 생성되며, 이렇게 생성된 문장을 통해서 한국어 사용자는 자신의 사고와 감정을 온전하게 표현한다.

? 다음의 서술어는 자릿수가 몇 개인지 문장을 만들면서 생각해 보자.

서술어	문장	구성	서술어의 자릿수
예쁘다	옷이 예쁘다.	주어	한 자리
먹다	현수가 밥을 먹는다.	주어+목적어	두 자리
보다			
아니다			
다르다			
넣다			
취급하다			

? 필수적 부사어를 요구하는 서술어를 찾아 문장을 만들어 보자.

서술어	필수적 부사어	문장

? 문장 속에서 이동이 자유로운 부사어와 그렇지 않은 부사어를 찾아 보고 어떤 차이가 있는지 알아 보자.

문장	부사어 이동	부사어 종류
설마 그 소문을 믿는 건 아니겠지?	· 그 소문을 설마 믿는 건 아니겠지? · 그 소문을 믿는 건 설마 아니겠지?	문장 부사어
그 약은 **확실히** 현수에게 효과가 있다.		
자동차가 **무척** 멋있다.		
아기가 밥을 **안** 먹는다.		
위원회에서는 사업계획 **및** 현안을 논의했다.		
할아버지께서는 담담히 **그러나** 웃으시면서 말씀하셨다.		

03. 문장의 짜임

◆ 한국어 사용자는 다양한 문장 성분을 활용하여 홑문장을 생성하고 이렇게 생성된 홑문장을 결합하여 새로운 겹문장을 생성한다. 그 결과 문장의 길이 또한 다양한 방법으로 길어진다. 언어 사용자의 기억력에 한계가 없다면 문장의 길이도 무한하게 길어질 것이다.

문장	홑문장:하나의 주어와 서술어로 구성된 문장
	겹문장:둘 이상의 주어와 서술어로 구성된 문장 · 이어진 문장:둘 이상의 홑문장이 이어진 문장 · 안은문장:문장 속에 하나 이상의 홑문장이 들어 있는 문장

◆ 한국어에는 하나의 단어, 어절, 구절로만 구성된 문장 또는 발화가 있다. 예를 들면 다음과 같은 자료가 이에 속한다.

감정 표현	얼씨구!, 불이야!, 아!, 어머!
부르는 표현	여보시오!, 야!, 주여!, 선생님!
응답 표현	예, 그래, 응, 알았어, 좋아요, 싫어요, 글쎄요
인사 표현	안녕, 고맙습니다, 미안합니다, 죄송합니다
명령 표현	뛰어, 읽어라, 일어서, 빨리 앉아
청유 표현	갑시다, 먹자, 하자, 앉읍시다, 열어주시겠습니까?
의문 표현	가니?, 하십니까?, 어떻습니까?, 누구십니까?

◆ 이어진 문장은 둘 이상의 홑문장이 다양한 어미를 활용하여 대등하게 또는 종속적으로 결합된 문장이다. 정리하면 다음과 같다.

대등하게 이어진 문장	• 이어지는 홑문장의 의미 관계가 대등한 문장 • 대등적 연결 어미를 사용: -고, -(으)며, -지만, -(으)나, -거나, -든지 등
	· 하늘도 맑고 바람도 시원하다. · 함박눈은 내리지만 날씨는 따뜻하다. · 영화를 보든지 연극을 보든지 나는 다 좋아요.
종속적으로 이어진 문장	• 이어지는 홑문장의 의미 관계가 종속적인 문장 • 종속적 연결 어미를 사용: · 원인: -(아)서, -(으)니, -(으)니까, -(으)므로 · 조건: -(으)면, -거든, -(아)야, -던들 · 목적: -(으)려, -(으)려고, -고자, -게, -도록 · 양보: -(아)도, -더라도, -(으)ㄴ들, -(으)ㄹ지라도, -(으)ㄹ망정 · 배경: -는데, -진대 · 동시: -며, -면서, -(아)서, -고서, -자, -자마자
	· 가을이 되니 단풍이 아름답다. · 손님이 오시거든 반갑게 맞이하여라. · 내가 집에 가는데, 저쪽에서 누군가 달려왔다. · 밥은 굶을지라도, 잠은 자야 된다. · 눈이 와서 길이 미끄럽다.

◆ 대등하게 이어진 문장은 절의 자리를 바꾸어도 의미가 크게 변화하지 않지만, 종속적으로 이어진 문장은 절의 자리를 바꾸면 의미가 크게 변화하는 특징이 있다. 한편 대등하게 이어진 문장에서는 앞 절이 뒤 절 속으로 이동할 수 없지만 종속적으로 이어진 문장에서는 앞 절이 뒤 절 속으로 이동할 수 있다.

• 하늘도 맑고 바람도 시원하다. → *바람도, 하늘도 맑고, 시원하다.
• 가을이 되니 단풍이 아름답다. → 단풍이, 가을이 되니, 아름답다.

■ 이어진 문장 중에는 접속 조사 {와/과}에 의해 이어진 문장도 있다. 주어 또는 목적어가 이어진 문장은 서술어가 하나뿐이어서 마치 홑문장처럼 보이지만 실제로는 겹문장이므로 유의해야 한다.

- 현수와 송이는 국어를 좋아한다.
  → 현수는 국어를 좋아한다 + 송이는 국어를 좋아한다.

◆ 안은문장은 문장 속에 하나 이상의 홑문장 곧 안긴문장이 들어 있는 문장이다. 다음 자료에서 밑줄을 그은 성분이 안긴문장이다.

- 현수가 축구에 소질이 있다는 소문이 학교에 알려졌다.
- 송이는 현수가 축구에 소질이 있다는 것을 모르고 있다.
- 우리는 날씨가 따뜻하기에 산책을 했다.
- 이 책은 내가 읽은/읽는/읽을/읽던 책이다.

■ 자료에서 보는 바와 같이 홑문장은 명사절, 관형절, 부사절, 서술절, 인용절 등 다양한 절로 바뀌어 다른 문장의 구성성분이 된다.

◆ 안은문장 속에서 안긴문장은 다양한 문장 성분으로 기능한다. 예를 들면 다음과 같다.

명사절	초등학생이 그런 일을 하기가 쉽지 않다. 우리는 송이가 정당했음을 깨달았다.
관형절	내가 어제 본 영화 정말 재미있다. 이 책은 내가 읽은/읽는/읽을/읽던 책이다.
부사절	그들은 우리가 입은 것과 똑같이 입고 있다. 그는 소리도 없이 내게 다가왔다.

서술절	아버님께서는 <u>인정도 많으시다.</u> 나는 <u>빨간색이 좋다.</u> 코끼리는 <u>코가 길다.</u>
인용절	송이는 <u>"현수가 좋은 사람이다"</u>라고 했다. 송이는 <u>현수가 좋은 사람이라고</u> 했다.

- 자료에서 보는 바와 같이 안긴문장도 다양한 방법으로 생성된다. 예를 들어 명사절에서는 {초등학생이 그런 일을 하다}가 명사형 전성 어미 {-기}와 결합하여 {초등학생이 그런 일을 하기}의 명사절을 형성하고 여기에 주격 조사 {가}가 결합하여 주어 역할을 한다. {우리는 송이가 정당했음을 깨달았다}에서는 {송이가 정당했다}는 문장에 명사형 전성 어미 {-(으)ㅁ}이 결합하여 {송이가 정당했음}의 명사절을 이루고, 여기에 목적격 조사 {을}이 결합하여 목적어 역할을 한다.

◆ 안긴문장은 문장의 서술어가 전성 어미나 조사, 파생 접사 등과 결합하여 이루어진다. 정리하면 다음과 같다.

명사절	· 한 문장이 명사화하여 주어, 목적어 등의 기능을 하는 것 · 명사형 전성 어미 사용: {-(으)ㅁ/기}
관형절	· 한 문장이 관형어의 기능을 하는 것 · 관형사형 전성 어미 사용: {-(으)ㄴ, -는, -던, -(으)ㄹ}
부사절	· 한 문장이 부사어의 기능을 하는 것 · 부사형 전성 어미 사용: {-니, -어서, -게, -도록…} · 부사 파생 접사 사용: {-이}
서술절	· 한 문장이 서술어의 기능을 하는 것
인용절	· 다른 사람의 말을 인용한 것이 절의 형태로 안긴문장 · 안은문장 내에서 부사어의 기능을 함 · 인용 부사격 조사 사용: {라고, 고, 하고}

? 원인을 나타내는 종속적 연결 어미를 실제 문장에서 사용할 때 고려
해야 할 제약을 찾아서 정리해 보자.

어미	제약	문장

? 종속적 연결 어미 {-다가}의 의미와 제약을 정리해 보자.

어미	의미	제약	문장
{-다가}			

? 다음 문장을 안긴문장과 안은문장으로 나누어 정리해 보자.

현수가 대학에 합격했다는 것은
사실이다

송이는 자기만 머리가 좋다고 생각한다

그 친구는 말도 없이 한국을 떠났다

코끼리가 코가 길다는 것은 누구나 안다

비가 온다는 소식을 들었다

오늘은 현수가 온다는 날이다

? 다음 문장을 두 문장으로 나누어 정리해 보자.

비가 와서 옷이 다 젖었다	
송이와 창이는 이사를 왔다	
점심을 많이 먹었더니 배가 아프다	
어제 현수와 송이가 결혼을 하였다	
현수는 수학도 잘 하고 과학도 잘 한다	
현수와 송이가 오늘 인천으로 떠났다	

? 다음 문장의 의미 차이를 빈 칸에 적어 보자.

오늘 날씨는 좋다 오늘 날씨는 좋지 않다 오늘 날씨는 나쁘지 않다 오늘 날씨는 나쁘다	
할머니는 왜 만두를 좋아하실까? 할머니는 왜 만두를 싫어하실까?	
기분이 좋구나 기분이 좋지 않구나 기분이 나쁘지 않구나 기분이 나쁘구나	
현수와 송이가 이사를 갔다 현수가 이사를 가고 송이가 이사를 갔다 현수가 이사를 갔고 송이가 이사를 갔다	

어디 가니?
너 어디 가니?
너는 어디 가니?
너희는 어디 가니?
너희들 어디 가니?

누구요?
누구세요?
당신은 누구십니까?
너 누구니?
누구?

아침 잡수셨어요?
아침 먹었니?
아침 먹었구나?
아침을 먹었구나?

제3부

표현과 기능 · 의미

7장

표현 범주와 문법 요소

◆ 한국어는 조사와 어미, 접사가 발달한 첨가어로, 한국어 사용자는 자신의 의도/목적/관점 등을 조사/어미/접사를 이용하여 다양하게 나타낸다. 뿐만 아니라 상대방을 높이거나 낮추는 높임 표현, 문장에 표현된 사건의 시간을 나타내는 시간 표현 등도 조사나 어미로 실현된다. 이런 면에서 한국어 문법의 표현 범주는 그것을 문법적으로 실현하는 조사/어미/접사 등의 다양한 문법 요소와 밀접하게 관련이 있다. 이 장에서는 고등학교 교육과정을 참고하여 종결 표현, 피동 표현, 사동 표현, 높임 표현, 시간 표현, 부정 표현, 인용 표현 순으로 살펴보기로 한다.

◆ 2012년 고시된 국어과 교육과정에서 문법 요소에 관한 교육 내용은 다음과 같다.

중학교	**문법적 기능을 담당하는 요소의 특징을 이해하고 담화 상황에 맞게 사용할 수 있다.** 문법적 의미를 실현하는 데 사용되는 다양한 문법 요소들을 탐구하는 활동을 통하여 국어의 문법적 특징을 이해하고 상황에 맞는 정확한 문장 표현 능력을 기를 수 있다. 높임, 시간, 피동·사동, 부정 표현 등 국어의 주요 문법 요소들의 형태와 의미 기능을 실제 담화 상황 속의 다양한 문장 자료를 통하여 탐구한다. 이러한 탐구의 결과가 정확하고 효과적인 문장을 구성하는 능력과 습관을 기르는 쪽으로 이어지도록 지도한다.
고등학교	**의미 구성에 기여하는 문법 요소의 개념과 표현 효과를 탐구한다.** 문장의 성분과 짜임에 대한 이해를 바탕으로 주요 문법 요소가 문장이나 글 전체에 미치는 표현의 의미 효과를 탐구해 볼 수 있다. 구체적으로는 종결 표현, 피동·사동 표현, 높임 표현, 시간 표현, 부정 표현, 인용 표현 등 주요 문법 요소들이 사용되는 양상을 이해하고 특히 독서와 관련지어 그것들이 문장과 글 전체에 미치는 표현의 효과를 탐구하도록 한다. 이를 위해서는 기사문, 광고문, 시, 소설 등 실제 국어 자료를 통하여 학습하고 활용하도록 한다.

01. 종결 표현

◆ 한국어 문장은 종결 표현에 따라 다양한 유형으로 나눌 수 있다. 학교문법에서는 종결 표현을 기준으로 평서문, 의문문, 명령문, 청유문, 감탄문으로 그 유형을 나누고 있다.

◆ 2012년 고시된 중학교 1~3학년군 국어과 교육과정에서 종결 표현과 관련되는 내용은 밑줄 친 부분이다.

> **문장의 구조를 탐구하고 자신의 생각을 다양한 구조의 문장으로 표현할 수 있다.**
>
> 문장 구조에 대한 이해는 자신의 생각을 효과적으로 표현하도록 돕는다. 5~6학년군에서 배운 기본 문장 성분의 이해를 부속 성분에까지 확대하고 문장의 확대를 다루도록 한다. 평서문, 의문문, 명령문, 청유문, 감탄문과 같은 종결 방식의 표현 효과를 탐구하고, 국어의 문장은 둘 이상의 문장이 연결되거나 하나의 문장이 다른 문장 안에 안기는 방식으로 확대됨을 이해한다. 다양한 연결 어미와 전성 어미의 기능과 함께 이러한 문장 확대의 방식을 탐구하여 체계적으로 이해하면 자신의 생각과 표현 의도가 제대로 반영된 문장을 구성할 수 있다. 다양한 구조의 문장들을 표현 의도와 연관 지어 분석하고, 중의문처럼 의미가 명확하지 않은 문장을 찾아 그 이유를 탐구하는 활동을 함으로써 정확하고 효과적이며 자연스러운 문장을 구성하는 능력을 기르도록 지도한다.

◆ 한국어 문장은 종결 표현에 따라서 문장 유형이 달라진다. 한국어에서는 문장의 종결 표현까지 확인하여야 문장의 의미를 해석할 수 있다.

- 현수는 학교 도서관에서 공부를 **한다.** (평서문)
- 현수는 학교 도서관에서 공부를 **하니?** (의문문)
- 학교 도서관에서 공부를 **해라.** (명령문)

- 학교 도서관에서 공부를 **하자.** (청유문)
- 현수는 학교 도서관에서 공부를 **하는구나!** (감탄문)

◆ 언어 사용자는 다양한 종결 표현을 활용하여 자신의 생각이나 의도 또는 감정을 전하는 다양한 문장 유형을 생성한다. 한국어의 종결 표현은 문장을 종결하는 어미에 따라서 결정되는데, 문장종결 어미는 문법적으로 문장을 끝맺는 기능을 하면서 화용론적으로는 문장 내용에 대해서 화자가 청자에게 가지는 의향을 나타낸다.

평서문	• 언어 사용자의 생각과 감정을 표현하는 가장 기본적인 문장:나는 가수이다. • 언어 사용자가 정보를 전하는 데 목표를 둔 문장 :한국은 사계절이 뚜렷하다. • 언어 사용자가 자신의 의지나 의도를 밝히는데 목표를 둔 문장 :내가 사주겠다. • 대표적 종결 어미:{-다}
의문문	• 언어 사용자가 정보를 확인하는 문장:이 옷은 어제 샀니? • 언어 사용자가 새로운 정보를 요청하는 문장 :오늘은 누가 저녁을 사시겠어요? • 언어 사용자가 강한 긍정을 표현하는 문장:그 친구 정말 잘하지 않니? • 언어 사용자가 강한 부정을 표현하는 문장 :현수가 어떤 사람인지 누가 알겠는가? • 대표적 종결 어미:{-(느)냐}
명령문	• 언어 사용자가 청자/독자에게 어떤 행동을 요구하는 문장:빨리 뛰어라. • 대표적 종결 어미:{-(아/어)라} ⇒ 주로 아랫사람에게 사용한다. ⇒ 서술어로는 동사가 쓰이는데 시간 표현 {-았-/-더-/-겠-}은 함께 쓰이지 않는다.
청유문	• 언어 사용자가 청자/독자에게 함께 행동하기를 요청하는 문장:같이 갑시다. • 대표적 종결 어미:{-자} ⇒ 아랫사람은 물론 또래나 윗사람에게도 사용 가능하다. ⇒ 명령문과 마찬가지로 서술어로는 동사가 쓰이는데 시간 표현 {-았-/-더-/-겠-}은 함께 쓰이지 않는다.

감탄문	• 언어 사용자가 자신의 감정이나 느낌을 표현하는 문장 :겨울 바다가 정말 예쁘구나! • 대표적 종결 어미:{-구나}

■ 학자에 따라서는 발화 發話 *utterance*에 초점을 두어 의문 표현, 금지 표현, 감탄 표현 등 다양한 기준으로 문장 유형을 나누기도 한다.

◆ 종결 표현은 화자가 청자에게 자신의 생각이나 의도 또는 감정을 전하는 방식이 문법적으로 실현된 것이다. 여기에서 중요한 것은 '화자와 청자의 관계'로, 종결 표현은 청자와의 관계를 반영한 상대 높임법과 밀접한 관계가 있다. 곧 상대 높임 표현에 따라서 함께 실현되는 종결 어미도 달라진다.

• 상대 높임 격식체:현수는 아침을 먹었습니다/먹었소/먹었네/먹었다
• 상대 높임 비격식체:현수는 아침을 먹었어요/먹었어

? 다음 종결 표현이 쓰인 자료를 조사하여 적어 보자.

종결 표현	자료
{-는구나}	
{-자}	
{-습니까}	
{-지}	

? 자신이 자주 사용하는 감탄 표현과 금지 표현을 적어 보자.

감탄 표현	금지 표현

? 한국어 사용자가 다양한 의문 표현을 발화할 때 선택하는 억양에 대하여 조사해 보자.

의문 표현	억양

02. 피동 표현

◆ 언어 사용자는 같은 명제 또는 같은 사건이라도 다양한 방법으로 표현한다. 행동주 *actor*의 동작이나 행동에 초점을 맞추어 표현하기도 하고 행동주의 동작이나 행동에 영향을 받은 대상 *patient*에 초점을 맞추어 표현하기도 한다. 행동주의 동작이나 행동에 초점을 맞춘 표현을 능동 표현이라고 하고, 영향을 받은 대상에 초점을 맞춘 표현을 피동 표현이라고 한다. 예를 들면 다음과 같은 자료가 이에 속한다.

능동 표현	피동 표현
사냥꾼이 꿩을 잡았다	꿩이 사냥꾼한테 잡혔다
현수가 문제를 풀었다	(현수에 의해서) 문제가 풀렸다
엄마가 실을 감았다	(엄마에 의해서) 실이 감겼다
개가 닭을 물었다	닭이 개한테 물렸다

■ 능동 표현에서 {사냥꾼, 현수, 엄마, 개}는 동작이나 행동을 하였지만, 피동 표현에서 {꿩, 문제, 실, 닭}은 동작이나 행동을 한 것이 아니라 행동주가 한 동작이나 행동의 영향을 받은 것이다.

◆ 능동 표현과 피동 표현의 관계는 다음과 같이 정리할 수 있다.

◆ 능동 표현에서 행동주의 동작이나 행동에 영향을 받은 대상이 피동 표현에서는 문장의 주체로 바뀐다. 문법적으로 정리하면 능동 표현의 목적어가 피동 표현에서는 주어로 바뀌고, 능동 표현의 주어는 피동 표현에서 생략되거나 부사어로 바뀐다. 이런 점에서 능동사와 피동사는 다음과 같은 차이가 난다 : 능동사는 목적어를 취하는 타동사인 반면 피동사는 목적어를 취하지 않는 자동사이다.

◆ 능동과 피동의 차이를 정리하면 다음과 같다.

- 능동/능동사/능동 표현 : 행동주가 동작이나 행동을 함 [행위자에 초점을 맞춤]
- 피동/피동사/피동 표현 : 행동주의 동작이나 행동으로 영향을 받음
  [대상에 초점을 맞춤]

◆ 언어 사용자는 일반적으로 행동주의 동작이나 행동에 초점을 맞추어 능동 표현을 한다. 따라서 능동/능동사/능동 표현을 표현의 기준으로 삼는다. 상대적으로 피동/피동사/피동 표현은 제한적으로 쓰이기 때문에 중요한 표현 범주이자 중요한 문법 요소이다.

◆ 피동 표현은 다음과 같은 방법으로 생성된다.

- 파생적 피동 표현 : (능)동사 어간에 피동 접사 {-이-, -히-, -리-, -기-} 또는 {-되다} 등을 결합한다.
- 통사적 피동 표현 : {-게 되다, -어지다} 등을 활용한다. 이때 {되다, 지다}는 보조동사이다.
- 파생적 피동 표현과 통사적 피동 표현을 두루 활용한다.

◆ 예를 들면 다음과 같은 언어형식을 활용하여 피동 표현을 생성한다.

언어형식	능동 표현 → 피동 표현
-이-	보다 → 보이다
-히-	묻다 → 묻히다
-리-	물다 → 물리다
-기-	안다 → 안기다
-게 되다	놀다 → 놀게 되다
-어지다	끊다 → 끊어지다

■ 수여동사, 수혜동사, 경험동사, 대칭동사, '-하다' 동사는 피동 접미
사가 결합할 수 없다.

◆ {-되다, -당하다, -받다}는 서술성을 가진 일부 명사 뒤에 붙어서 피동
사를 만든다.

• 가결되다, 거론되다, 건설되다, 달성되다, 형성되다
• 공격당하다, 창피당하다, 고소당하다
• 교육받다, 사랑받다, 오해받다

◆ 파생적 피동 표현은 피동 접사로 실현되는 것으로, 어미로 실현되는 종
결 표현이나 높임 표현과는 문법적으로 차이가 있다. 어미는 대부분의 용언
과 결합이 가능하지만 접사는 어휘 결합에 제약이 많기 때문에 피동사를 만
드는 접사 역시 결합 가능한 동사가 제한적이다. 곧 피동사에 의한 파생적
피동 표현에 비해서 {-게 되다, -어지다}에 의한 통사적 피동 표현의 생산
성이 훨씬 높다.

파생적 피동 표현	통사적 피동 표현
· 현수의 연락이 끊겼다 · 수학 문제가 잘 풀렸다 · 바람에 구멍이 뚫렸다	· 현수의 연락이 끊어졌다 · 수학 문제가 잘 풀어졌다 · 바람에 구멍이 뚫어졌다
대응하는 표현이 없음	· 글이 잘 써졌다 · 송이가 예뻐졌다 · 햇빛에 하늘이 밝아졌다

◆ 이기동(1976 : 6)과 Bolinger(1977 : 9-10)에 따르면, 능동 표현과 피동 표현의 관계가 언제나 성립하는 것은 아니다.

능동 표현	피동 표현
*가시를 목에 걸었다	가시가 목에 걸렸다
나는 동네 한 바퀴를 돌았다	*동네 한 바퀴가 나에 의해서 돌려졌다
*날씨를 풀었다	날씨가 풀렸다
송이가 옷을 옷걸이에 걸었다	(송이에 의해서) 옷이 옷걸이에 걸렸다

■ 능동 표현에서 피동 표현이 생성되지만 상황에 따라서는 능동 표현만 자연스럽거나 피동 표현만 자연스러운 자료가 있다.

◆ 문법 교육에서는 능동 표현과 피동 표현을 문법적 측면에서 교수 · 학습하지만, 언어사용의 측면에서 보면, 능동 표현은 화자가 [동작]을 강조한 것이고 피동 표현은 [상태]를 강조한 것이다. {나는 동네 한 바퀴를 돌았다}는 목적어인 {동네 한 바퀴}가 행위의 대상이 아니기 때문에 피동 표현이 부자연스럽고, {날씨가 풀렸다}는 문장은 주체를 찾기 어려운 상태 표현으로 능동 표현이 부자연스럽다. 따라서 능동 표현과 피동 표현은 문장의 의미와 화용 맥락을 함께 교수 · 학습하는 것이 필요하다.

[?] 피동 접사가 결합할 수 없는 타동사를 찾아 실현가능한 피동 표현으로 바꾸어 보자.

타동사	피동 표현

[?] 광고에 나타난 능동 표현과 피동 표현을 찾아 적어 보자.

능동 표현	피동 표현

[?] 피동 표현을 능동 표현으로 바꾸어 보고, 피동 표현을 사용하는 이유가 무엇인지 논의해 보자.

피동 표현	능동 표현
· ○○혜성이 김 연구원에 의해 세계 최초로 발견됐다.	
· 보내주신 민원이 접수되었습니다.	
· 그 계획은 회복책으로 적당하다고 보여진다.	
· 우리 팀이 우승할 거라고 생각됩니다.	
피동 표현을 사용하는 이유	

03. 사동 표현

◆ 언어 사용자는 일반적으로 행동주의 동작이나 행동을 표현하는 주동 표현을 사용한다. 그러나 상황에 따라서는 행동주가 다른 행동주에게 행동이나 동작을 시키는 데 초점을 둔 사동 표현을 사용한다. 예를 들면 다음과 같은 자료가 있다.

주동 표현	사동 표현
송이가 웃는다	엄마가 송이를 웃긴다
송이가 책을 읽는다	엄마가 송이에게 책을 읽힌다
송이가 만두를 먹는다	엄마가 송이에게 만두를 먹인다
송이가 노래를 부른다	엄마가 송이에게 노래를 부르게 한다

■ 주동/주동사/주동 표현은 주어가 직접 행동이나 동작을 하는 것임을 알 수 있고, 사동/사동사/사동 표현은 주어가 남에게 동작을 하도록 시키는 것임을 알 수 있다.

◆ 주동 표현과 사동 표현의 관계는 다음과 같이 정리할 수 있는데, 주동 표현이 자동사일 때와 타동사일 때 차이가 있다.

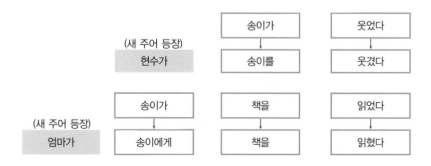

◆ 주동사/주동 표현과 사동사/사동 표현의 구조와 특징을 살펴 보자.

주동사/주동 표현	사동사/사동 표현
· 엄마가 옷을 입다	· 엄마가 동생한테 옷을 입히다
· 현수는 회장직을 맡았다	· 현수는 송이한테 회장직을 맡겼다.
· 현수는 낮잠을 잤다	· 현수는 송이를 낮잠을 재웠다

■ 주동 표현의 주동사는 주어의 행동이나 동작을 가리키지만 사동 표현의 사동사는 목적어나 부사어의 행동이나 동작을 포함하고 있다. 곧 [입히다]는 [입는 동작]과 [입는 동작을 하도록 시키는 동작]을 함께 지시한다.

◆ 사동 표현은 다양한 방법으로 생성된다.

• 파생적 사동 표현 : 용언 어근에 사동 접사 [-이-, -히-, -리-, -기-, -우-, -구-, -추-]를 결합하거나 [-시키다]를 결합한다.
• 통사적 사동 표현 : [-게 하다]를 활용한다. 이때 [하다]는 보조동사이다.
• 파생적 사동 표현과 통사적 사동 표현을 두루 활용한다.
• 일부 자동사는 두 개의 사동 접미사가 연속되어 있는 [-이우-]를 결합한 사동사가 있다 : 띄우다, 세우다, 씌우다, 재우다, 채우다, 태우다 등

◆ 예를 들면 다음과 같은 언어형식을 활용하여 사동 표현을 생성한다.

언어형식	주동 표현 → 사동 표현
-이-	녹다 → 녹이다
-히-	넓다 → 넓히다

-리-	울다 → 울리다
-기-	웃다 → 웃기다
-우-	비다 → 비우다
-구-	돋다 → 돋구다
-추-	낮다 → 낮추다
-시키다	입원하다 → 입원시키다
-게 하다	웃다 → 웃게 하다

◆ 파생적 사동 표현은 용언 어근에 사동 접미사가 결합하여 사동사를 생성하지만, 통사적 사동 표현은 본용언에 보조적 연결어미인 {-게}와 함께 보조동사 {하다}를 결합하여 사동 표현을 생성한다. 따라서 파생적 사동 표현은 제한적으로 생성되지만 통사적 사동 표현은 생성이 자유롭다.

파생적 사동 표현	통사적 사동 표현
· 현수가 송이를 <u>웃겼다</u> · 김선생이 현수를 <u>울렸다</u> · 형이 소나무를 <u>죽였다</u>	· 현수가 송이를 <u>웃게 했다</u> · 김선생이 현수를 <u>울게 했다</u> · 형이 소나무를 <u>죽게 했다</u>
대응하는 표현이 없음	· 내가 그를 <u>가게 했다</u> · 왕선생은 학생에게 장학금을 <u>받게 했다</u> · 아들은 엄마를 <u>기쁘게 했다</u>

◆ 파생적 사동 표현의 경우에는 사동문에 대응되는 주동문이 없는 경우가 있다.

사동문	주동문
· 교장선생님이 종을 울린다 · 가수들이 전세계에 이름을 알렸다	· *종이 울었다 · *이름이 알았다

◆ 파생적 사동 표현과 통사적 사동 표현의 의미와 통사 구조가 똑같은 것은 아니다.

분류	파생적 사동 표현	통사적 사동 표현
자료	· 엄마가 동생한테 옷을 입혔다	· 엄마가 동생한테 옷을 입게 했다
의미	· 동생이 옷을 입는데 엄마가 직접 참여하였다	· 동생이 옷을 입는데 엄마가 직접 참여하지 않았다
특징	· 동사가 하나이다	· 동사가 두 개이다

◆ 파생적 사동 표현은 단형 사동 표현, 통사적 사동 표현은 장형 사동 표현이라고 한다. 이와 같은 언어형식의 길이를 심리적 거리와 관련지어 단형 사동과 장형 사동 표현의 의미 차이를 [거리]로 설명하기도 한다. 따라서 {엄마가 동생한테 옷을 입혔다}는 [엄마가 동생에게 직접 옷을 입혔다] 또는 [엄마가 동생 스스로 옷을 입도록 하였다]의 의미를 갖지만, {엄마가 동생한테 옷을 입게 했다}는 [입는 동작을 하도록 시키는 동작]만을 지시한다.

◆ 한국어의 시간 표현과 높임 표현은 어미로 실현된다. 파생적 사동 표현은 동사가 하나이므로 사동사에 시간 표현 및 높임 표현의 어미가 결합하여 실현된다. 반면 통사적 사동 표현에서 시간 표현은 보조용언인 {하다}에 붙어서 실현되고, 높임 표현은 높이는 대상이 누구냐에 따라서 실현 양상이 달라진다.

- 엄마가 동생을 앉게 하셨다/앉혔다
- 엄마가 선생님을 앉으시게 하셨다/*앉혔다

◆ 사동 표현은 사동 접사가 결합한 사동사에 통사적 사동 표현인 {-게 하

다를 결합하여 재사동화할 수 있다.

- 토끼가 풀을 먹는다.
  → 영수가 토끼에게 풀을 <u>먹인다</u>.
  → 엄마가 영수에게 토끼한테 풀을 <u>먹이게 하셨다</u>.

- 동생이 낮잠을 잔다.
  → 형이 동생을 낮잠을 <u>재운다</u>.
  → 엄마가 형한테 동생을 낮잠을 <u>재우게 하셨다</u>.

❓ 다음의 동사/형용사를 대상으로 파생적 사동과 통사적 사동을 만들어 보자. 파생적 사동이 실현되지 않는 용언은 무엇이며 그 이유는 무엇인지 생각해 보자.

용언	파생적 사동	통사적 사동
속다	속이다	속게 하다
자다		
맡다		
묻다		
안다		
높다		
낮다		
오다		
주다		
기쁘다		
아름답다		

❓ 자신이 자주 사용하는 사동 표현을 적고 언제 누구한테 사용하는지 적어 보자.

사동 표현	쓰는 상황

04. 높임 표현

◆ 한국어 사용자는 상황에 따라 다양한 높임 표현을 사용한다. 예를 들면 청자/독자에 초점을 맞춘 청자/상대 높임 표현, 주체에 초점을 맞춘 주체 높임 표현, 객체에 초점을 맞춘 객체 높임 표현을 사용한다. 청자/독자를 높이는 상대 높임 표현은 어말 어미로 실현되고, 문장 층위에서 주어를 높이는 주체 높임 표현은 주로 선어말 어미로 실현되며, 목적어 또는 부사어를 높이는 객체 높임 표현은 제한된 어휘소로 실현된다. 상황에 따라서 청자와 주체, 객체를 모두 높이는 경우에는 객체를 높이는 어휘소를 비롯하여 높임을 나타내는 선어말 어미와 어말 어미가 모두 나타난다.

· 언어 사용자가 청자/독자를 높이느냐 낮추느냐 등을 표현하는 방법이다.
· 다양한 종결 표현을 활용하여 표현하는데 상황에 따라 격식체와 비격식체로 나눈다.

청자 · 상대 높임 표현	격식체	하십시오체	–십시오, –습니다, –십시다, –습니까?
			이 책을 읽으십시오.
		하오체	–오, –소, –구려, –는구려, –오?
			어서 오시오. 왜 꾸물거리오?
		하게체	–게, –네, –ㅁ세, –세, –는구먼, –는가?
			송 군, 이리 와서 앉게.
		해라체	–아라, –다, –는다, –자, –렴, –느냐? –니?
			송이야! 큰 소리로 책을 읽어라.
	비격식체	해요체	–어요, –군요, –ㄹ게요, –아요?
			이 책을 읽으세요. 어서 오세요. 왜 꾸물거려요?
		해체	–아, –지, –야, –ㄹ게, –아?, –지?
			송 군, 이리 와서 앉아.
			송이야! 큰소리로 책을 읽어.

⇒ 격식체는 주로 공적인 상황에서 사용되고 비격식체는 주로 사적인 상황에서 사용된다. 따라서 격식체에서는 거리감이 느껴지고 비격식체에서는 친밀감이

느껴진다.

· 한국어 사용자는 서술어의 주체 곧 주어의 동작/행동/상태 등을 표현할 때 다양한 높임 표현을 사용한다. 선어말 어미 {-(으)시-}, 주격 조사 {께서}, 접사 {-님}, 어휘 {계시다, 잡수시다, 주무시다, 편찮으시다, 돌아가시다} 등을 활용하여 서술어의 주체를 높인다.

	[−높임 표현]	[+높임 표현]
주체 높임 표현	· 동생이 책을 읽는다 · 나는 길눈이 밝다 · 자네 말이 타당하네	· 대통령님께서 책을 읽으신다 · 할머니께서는 길눈이 밝으시다 · 선생님 말씀이 타당하십니다

⇒ [±높임 표현]은 언어 사용자가 주체를 어떻게 인지하느냐에 따라서 다양하게 생성된다. 서술어의 주체가 윗사람이 아니라도 윗사람으로 대우하고 싶으면 높임 표현을 사용한다.

⇒ 한국어 사용자는 높여야 할 주체와 밀접하게 관계를 맺고 있는 대상에도 높임 표현을 적용하는데, 이를 '간접 높임'이라 한다.

· 할아버지께서 거실에 계신다 ← 직접 높임
· 할아버지께서 걱정거리가 있으시다 ← 간접 높임

· 한국어 사용자는 서술어의 객체 곧 목적어나 부사어가 지시하는 대상 등을 높이고자 할 때 높임 표현을 사용한다. 현대 한국어에서는 매우 제한된 어휘소로 표현된다. 예를 들면 다음과 같은 어휘소가 있다 : {모시다, 드리다, 뵙다, 여쭈다}, 부사격 조사 {께} 등

	[−높임 표현]	[+높임 표현]
객체 높임 표현	· 동생은 개를 데리고 산책을 한다 · 내일 친구한테 물어봐야겠다 · 현수는 친구한테 생일선물을 주었다	· 동생은 어머니를 모시고 산책을 한다 · 내일 선생님께 여쭤봐야겠다 · 현수는 아버님께 생신선물을 드렸다

⇒ 언어 사용자는 객체에 따라 다른 어휘소를 선택하여 표현한다.

◆ 높임 표현은 학자에 따라 높임법, 경어법 敬語法, 대우법 待遇法, 존대법

尊待法, 공대법 恭待法 등으로 부른다. 〈표준국어대사전〉에서는 경어법을 "남을 높여서 말하는 법. 문장의 주체를 높이는 주체 높임, 말을 듣는 상대편을 높이는 상대 높임법이 있다."고 하였다.

- 높임 표현에는 언어 사용자가 스스로를 낮추어 상대나 객체를 높이는 방법도 있다.

  - 오늘은 <u>제가</u> 가겠습니다.
  - 선생님께 드릴 <u>말씀이</u> 있습니다.

◆ 한국어는 높임 표현이 발달한 언어이다. 특히 청자/상대 높임 표현이 체계적으로 생성되는데, 상황에 따른 격식체/비격식체의 구분이나 청자/상대의 대우 정도에 대한 구분 등이 청자/상대 높임 표현의 체계적 구조를 반영한다.

◆ 한국어 높임 표현은 한국어 사용자, 청자/상대, 주체, 객체 등에 대한 구체적인 정보를 활용하여 생성된다. 이때 활용하는 정보는 나이, 지위, 계층적 서열의 높고 낮음, 거리감에 따른 친밀도, 격식 格式 *formal* 또는 비격식 非格式 *informal* 상황 등이 있다. 곧 높임 표현은 문장 내적인 요소보다는 문장 외적인 요소에 의존하는 성격이 강하다. 따라서 문장론보다는 화용론 話用論 *pragmatics*에서 주로 다루어지는 표현 범주이다.

- 화용론은 '행위', '행동', '일'이라는 의미를 가리키는 *'pragma-'*라는 단어에서 그 기원을 찾을 수 있다. 언어가 일종의 '행위'라는 생각에서 출발한 것이다. '말하는 것'은 그 자체가 행위이면서 동시에 또 다른 행위를 유발한다고 본다. 이와 같은 생각은 한국 속담에서도 찾을 수 있다:{말 한마디로 사람이 죽고 산다/말 한마디로 천 냥 빚도 갚

는다).

◆ 한국어 높임 표현은 역사적으로 상하 관계 곧 수직 관계를 반영한 표현 범주이다. 그러나 현대로 오면서 한국어 높임 표현은 수직 관계만 반영하는 것이 아니라 수평 관계 곧 친소 관계도 반영하고 있다. 곧 나이, 신분, 친족 관계 등을 고려하여 윗사람과 아랫사람을 구별하고 그 결과를 높임 표현에 반영하는 것뿐만 아니라 친밀도, 성별 등을 고려한 친소 관계도 높임 표현에 반영한다. 예컨대 나이가 많은 할아버지나 할머니라도 언어 사용자가 가깝게 인지하면 [−높임 표현]을 사용하고, 나이가 어린 학생이라도 처음 만나거나 공식 상황일 때는 [+높임 표현]을 사용하기도 한다.

- (손자가 할머니께) 할머니, 빨리 와.
- (선생님이 유치원 학생에게) 여러분, 안녕하세요?

◆ 한국어 높임 표현은 화자가 어떤 대상이나 상대에 대해 언어적으로 대우하는 것으로 상대에 대한 존경과 공경을 나타내는 것이다. 따라서 높여야 할 대상에게 높임 표현을 사용하는 것은 바람직하지만, 그렇지 않은 대상 또는 상황에서 높임 표현을 사용하면 상대방을 놀리거나 비아냥거리는 태도가 되어 의사소통에 장애가 된다.

- (친구에게) 네, 옳으신 말씀이십니다.
- (동생에게) 시간이 없어서 숙제를 못 하셨어요?

◆ 한국어 높임 표현으로는 상대방을 부르는 호칭 범주에 속하는 것도 있고 특정한 인물을 가리키는 지칭 범주도 있다. 따라서 언어 사용자가 어떤 표현을 썼느냐에 따라서 기분이 좋아질 수도 있고 기분이 나빠질 수도 있다.

뿐만 아니라 높낮이를 인지하기도 하고 거리감을 인지하기도 한다.

- 호칭 {송이야, 김송이 씨, 김 선생, 김 선생님, 김 교수님}에서 우리는 상하 관계를 인지할 수도 있고 친소 관계를 인지할 수도 있다.
- 지칭 {이 녀석, 얘, 이 친구, 이 사람, 이 양반, 이 분, 부장님}에서도 상하 관계와 친소 관계를 인지할 수 있다.

◆ 호칭과 지칭은 언어사회와 언어문화를 이해하는데 중요한 정보를 제공한다. 예를 들면 언어 사용자가 어떻게 부르느냐에 따라 촌수도 알 수 있고 (예 : 고모, 이모), 직업을 알 수도 있고(예 : 기사님, 박사님), 관계도 알 수 있다(예 : 여보, 도련님). 이 밖에도 언어에 따라서는 친하면 나이와 상관없이 이름을 부르는 것이 자연스럽지만, 한국어사회에서는 친하더라도 나이가 많으면 이름을 부르는 것이 자연스럽지 않다. 한국 사회에서 부모나 선생님을 이름으로 부른다면 언어예절을 배우지 못한 것으로 평가할 것이다. 한편 영어사회에서는 이와 같은 상황이 자연스럽게 일어난다.

❓ 다음 자료를 바탕으로 한국어 주체 높임법의 특징을 정리해 보자.

ㄱ. 아버지께서 회사에서 돌아오셨다
ㄴ. 할아버지께서는 진지를 잘 {드신다/잡수신다/*먹으신다}
ㄷ. 선생님 가방이 여기 {있습니다/*계십니다}

? 다음과 같이 격식체와 비격식체를 혼용하여 사용하는 이유는 무엇인지 생각해 보자.

선생님, 안녕하셨습니까? 오랜만에 인사드립니다.
그 동안 별일 없으셨지요?
저도 건강하게 잘 지내고 있어요.

? 실제 대화를 적고 어떤 높임 표현이 쓰였는지 분석해 보자.

실제 대화	높임 표현 분석

05. 시간 표현

◆ 한국어 사용자는 시간을 표현하기 위하여 시제 時制 *tense*, 상 相 *aspect*, 서법 敍法 *mood* 등 다양한 범주와 언어형식을 활용한다.

◆ 학교문법에서는 발화시를 기준으로 과거 시제, 현재 시제, 미래 시제 범주를 설정한다. 자연시간의 흐름을 나눌 수는 없지만 발화시를 기준으로 사건이 일어난 시간을 선어말 어미, 관형사형 어미, 시간 부사어 등을 활용하여 표현한다. 시간 표현 범주에 대한 정보는 다음과 같이 정리할 수 있다.

		어휘 범주	언어형식	자료
	· 사건이 일어난 시간이 발화하는 시간보다 앞서 있음을 표현하는 범주 · 표현 방법			
과거 시제		선어말 어미	{-았-/-었-/-였-}	책을 보았다/ 과자를 먹었다 노래를 하였다/송이는 예뻤다 현수는 학생이었다 / 따뜻한 날씨였다
		관형사형 어미	{-은/-는/-던/-을}	내가 심은 나무/떠나는 기차 내가 학생이던 시절/읽을 책
		시간 부사어	{어제/오늘/지금} 등	어제는 학교에 갔다/어제 온 친구 오늘은 학교에 갔다/오늘 간 동생 지금 떠났다/지금 떠난 친구

⇒ {-더-}는 다른 언어형식과는 달리 언어 사용자가 시간, 공간, 심리적으로 거리감을 표현하고자 할 때 사용한다. 따라서 {나는 송이를 만났다}는 자연스럽지만 {*나는 송이를 만나더라}는 자연스럽지 않다. 한편 {현수는 송이를 만났다/현수는 송이를 만나더라}는 모두 자연스럽다.

⇒ 시간 부사어는 선어말 어미 또는 관형사형 어미와 함께 구체적인 시간을 가리키는 특징이 있다.

· 사건이 일어난 시간이 발화하는 시간과 같음을 표현하는 범주
· 표현 방법

	어휘 범주	언어형식	자료
현재 시제	선어말 어미	· 동사 어간 　　　+{-ㄴ/는-} · 형용사 어간+{Ø} · 서술격 조사+{Ø}	· 책을 <u>산다</u>/집을 <u>짓는다</u> · 송이는 얼굴이 <u>예쁘다</u>/ 현수는 키가 <u>작다</u> · 송이는 <u>학생이다.</u>
	관형사형 어미	· 동사 어간+{-는} · 형용사 어간 　　　+{ㄴ/은} · 서술격 조사+{-ㄴ}	· 밥을 <u>먹는</u> 아이들 · 얼굴이 <u>예쁜</u> 송이/키가 <u>작은</u> 현수 · 네 <u>책인</u> 줄 몰랐다
	시간 부사어	{오늘/지금/현재} 등	· <u>오늘은</u> 국수를 먹는다 · <u>지금은</u> 비가 온다/<u>지금은</u> 비가 오는 중 · <u>현재</u> 군인이다/<u>현재</u> 군인인 현수

⇒ 현재 시제는 용언의 품사에 따라서 결합하는 어미에 차이가 있다. 현재 시제를 나타내는 선어말 어미 {-는-}과 관형사형 어미 {-는}의 결합 여부는 동사와 형용사를 구별하는 기준이 되기도 한다.

⇒ 언어 사용자가 현재로 인지하면 현재로 표현한다. 따라서 하루를 가리키는 {오늘}이나 한 시대를 가리키는 {오늘날}도 현재 시제로 사용된다. 나아가 보편적인 진리나 확실한 미래를 표현할 때도 현재 시제로 표현한다.

· 발화하는 시간까지 일어나지 않은 사건임을 표현하는 범주
· 표현 방법

	어휘 범주	언어형식	자료
미래 시제	선어말 어미	{-겠-/-(으)리-}	제가 <u>가겠습니다</u>/내가 <u>전화하리다</u>
	관형사형 어미	{-(으)ㄹ}	내가 <u>읽을</u> 책이다/내가 살 책이다
	시간 부사어	{내일/다음에/후에}	<u>내일</u> 간다/<u>다음에</u> 간다/<u>1년 후에</u> 간다

> ⇒ 학자에 따라서는 {-겠-}을 시제 범주에서 논의하지 않는다. {비가 오겠다}에
> 쓰인 {-겠-}은 [추측]을, {내가 하겠다}에 쓰인 {-겠-}은 [의지]를 가리킨다고
> 본다.

◆ 한국어 사용자는 시간의 흐름 속에서 동작이나 사건이 일어나는 모습에 초점을 맞추어 표현하기도 한다. 예를 들면 동작이나 사건이 진행되고 있음을 표현하는 진행상, 동작이나 사건이 완료되었음을 표현하는 완료상, 동작이나 사건이 지속되거나 반복되고 있음을 표현하는 반복상 등과 같은 상 범주를 활용한다.

◆ 한국어 문법에서 논의하는 몇 가지 상 범주와 그 특징을 정리하면 다음과 같다.

진행상	· 동작이나 사건이 진행 중임을 표현하는 범주 · 표현 방법:{-고 있다} 　→ 현수는 기차를 <u>만들고 있다</u> 　→ 기차가 <u>달리고 있다</u> · {중이다}를 활용하기도 한다 　→ 송이가 노래를 <u>부르는 중이다</u> 　→ 우리는 정원을 <u>만들고 있는 중이다</u>
완료상	· 동작이나 사건이 완료되었음을 표현하는 범주 · 표현 방법:{-아/어 있다} 　→ 나비가 <u>죽어 있다</u> 　→ 현수가 방에 <u>앉아 있다</u> · 보조동사를 활용하여 표현하기도 한다 　→ 우리가 <u>치워 버렸다</u> 　→ 송이가 만두를 <u>만들어 놓았다</u>
반복상	· 동작이나 사건이 반복해서 일어남을 표현하는 범주 · 표현 방법:{-고는 하다} 　→ 현수는 병원에 <u>다니고는 한다</u> 　→ 송이는 아침으로 떡을 <u>먹곤 했다</u>

연속상	· 동작이나 사건이 연속해서 일어남을 표현하는 범주 · 표현 방법 : {-대다/-거리다/-하다/-이다} 등 → 아이가 계속 울어대는 바람에 잠을 설쳤다 → 출렁거리는 파도/ 반짝거리는 밤하늘의 별 → 반들반들한 이마/ 매끈매끈한 마루 → 반짝이는 반지/ 속삭이는 말

◆ 이 밖에도 학자에 따라서 또는 언어에 따라서는 시작에 초점을 두는 기동상, 결과에 초점을 두는 결과상 등 그 범주가 다양하다.

◆ 진행상의 {-고 있다}는 문장에 따라서 완료상의 의미로도 해석되는 중의성을 가진다.

• 송이는 예쁜 구두를 신고 있다.

  [송이는 예쁜 구두를 신고 있는 중이다]

  [송이는 예쁜 구두를 신었다]

◆ 언어 사용자는 시간 표현을 활용하여 자신의 생각이나 감정을 표현하기도 한다. 예를 들면 발화 내용에 대한 언어 사용자의 심리적 태도를 인지할 수 있는 서법 범주가 있다. 서법은 가능성, 확실성, 필연성, 책임, 허가, 의도, 의지, 능력 등과 같은 양태 樣態 modality 의미를 전하는 표현 범주이다. 서법과 양태의 관련성은 다음과 같은 설명에서 찾아볼 수 있다.

The term 'mood' refers to the way in which the grammar of a language encodes *modality*, a concept which is concerned with such semantic notions as 'possibility', 'probability', 'necessity', 'obligation', 'permission', 'intention', and 'ability'. These are called modal meanings (Aarts 2011 : 275).

◆ 한국어 사용자는 미래 시간 표현을 활용하여 자신의 심리적 태도를 표현한다. 예를 들면 {오늘은 비가 오겠다} 또는 {오늘은 비가 올 것이다}와 같이 {-겠-}과 {-을 것-}을 활용하여 가능성이나 확실성 등에 대한 자신의 생각을 전한다. 다음 자료에서도 다양한 의미를 인지할 수 있다.

- 그 일은 제가 꼭 하겠습니다 [의지]
- 이 방은 100명은 들어가겠다 [능력, 추측]
- 이번 대회에서는 꼭 우승을 해야겠다 [의지]
- 비가 오면 좋겠다 [소망]
- 오늘은 일찍 가는 것이 좋겠다 [제안]

◆ 한국어 사용자는 과거 시간 표현을 활용하여 자신의 심리적 태도를 표현하기도 한다. 다음과 같은 자료가 이 범주에 속한다.

- 너는 내일 소풍은 다 갔다 [확실성, 필연성, 의도[소풍을 못 갈 것이다]]
- 네가 왔으니 오늘 공부는 다 했다 [확실성, 필연성, 의도[공부를 못 할 것이다]]
- 송이는 중학교 때 예뻤었다 [확실성, 의도[지금은 예쁘지 않다]]
- 현수는 대학생이었다 [확실성, 의도[지금은 대학생이 아니다]]
- 내가 갔으면 1등을 했을 것이다 [확실성, 필연성, 의도[안타깝다]]
- 창이도 어른이 되었겠지 [가능성, 추측]

◆ 한국어 사용자는 현재 시간 표현을 활용하여 자신의 심리적 태도를 표현하기도 한다. 다음과 같은 표현이 이 범주에 속한다.

- 이 과자 내가 먹는다 [의도]
- 그 친구 한국어를 잘 하기는 잘 한다 [능력]

- 말은 잘 <u>한다</u> [능력, 의도[행동은 하지 않는다]]
- 내일도 해는 <u>뜬다</u> [필연성]
- 자네가 <u>간다고</u>? [가능성, 의도[믿기 어렵다]]

◆ 시간 표현 중에는 다음과 같이 시간을 파악하기 어려운 표현도 있다.

- 그 친구 귀엽게 <u>생겼는데</u>
- 너 누구 <u>닮았니</u>? 저는 아빠 <u>닮았어요</u>
- 고구마가 잘 <u>익었다</u>
- 거기 <u>섰거라</u>

◆ 지금까지 살펴 본 바와 같이 한국어 사용자는 시간 표현을 활용하여 다양한 정보를 제공한다. 따라서 학계에서는 시간 표현을 시제, 상, 서법 범주와 관련지어 논의하고 있다.

? 다음 노래에서 시간 표현을 찾아 빈 칸에 적어 보자.

> 울밑에 선 봉숭아야 네 모양이 처량하다
> 길고 긴 날 여름철에 아름답게 꽃필 적에
> 어여쁘신 아가씨들 너를 반겨 놀았도다

? 학교문법에서는 국어 시제를 '과거, 현재, 미래'로 구분하는 삼분법 체계를 채택하고 있다. 다음 자료를 바탕으로 삼분법 체계의 문제점을 정리해 보자.

① ㄱ. 동생은 어제 책을 읽었다/ 동생은 어제 책을 읽었겠다
ㄴ. 동생은 지금 책을 읽는다/ 동생은 지금 책을 읽겠다
ㄷ. 동생이 내일 책을 읽는다/ 동생이 내일 책을 읽겠다
② ㄱ. 나도 그 정도는 들겠다
ㄴ. 이번에는 정말 잘 해야겠다

? 자신이 배운 외국어의 시간 표현 방법을 조사해 보자.

과거	현재

06. 부정 표현

◆ 한국어 사용자는 다양한 방법과 언어형식을 사용하여 부정 표현을 생성한다. 예를 들면 문법 범주에 속하는 {안/못/-지 않-/-지 못-/-지 말-} 등을 활용하기도 하고 어휘 범주에 속하는 {나쁘다/싫다/불성실 不誠實/비인간적 非人間的} 등을 활용하기도 한다. 뿐만 아니라 {무슨 소리를 하는 거야?/그 친구 돈 냄새 좀 풍기지!} 등과 같이 부정적인 양상을 표현하는 언어형식을 사용하기도 한다.

◆ 문법 범주에 속하는 부정 표현을 의미와 형식으로 나누어 정리하면 다음과 같다.

의미	의지	부정 부사 {안}	부정 용언 {아니하다}
	능력	부정 부사 {못}	부정 용언 {못하다}
형식	단형	안 간다/ 안 한다	못 간다/ 못 한다
	장형	가지 아니한다/ 가지 않는다 하지 아니한다/ 하지 않는다	가지 못한다 하지 못한다

⇒ 명령문/청유문에서는 {-지 마/-지 말아라/ -지 말자} 등을 사용한다

◆ {안}이 쓰인 부정 표현과 {못}이 쓰인 부정 표현의 쓰임과 의미는 다르다.

- 동생은 밥을 안 먹고 국수를 먹었다 [동생이 국수를 선택하였다]
- 동생은 밥을 못 먹고 국수를 먹었다 [동생이 국수를 선택한 것이 아니다]
- 형은 노래를 안 한다 [형은 노래를 할 의지가 없다]

- 형은 노래를 <u>못</u> 한다 [형은 노래를 할 능력이 없다]

◆ 단형 부정 표현(짧은 부정 표현)과 장형 부정 표현(긴 부정 표현)의 쓰임과 의미도 다르다.

- 집에 <u>안</u> 갑니다 [확실한 의지 전달]
- 집에 가<u>지 않</u>습니다 [사실 전달]
- 집에 <u>못</u> 갑니다 [확실하게 어려운 상황을 전달]
- 집에 가<u>지 못</u>합니다 [상황 전달]

◆ 한국어 사용자는 {-지 마/-지 말아라/-지 말자/-지 말다} 등과 같은 언어형식을 활용하여 부정 표현을 한다.

- 현수야! 오늘은 놀<u>지 마</u>/놀<u>지 말아라</u>
- 오늘은 그림을 그리<u>지 말자</u>
- 내일은 산에 가<u>지 말아야지</u>
- 그 친구는 하<u>지 말</u>라는 것만 골라서 한다

◆ 부정 표현은 부정이 미치는 범위에 따라 다양한 의미로 해석되기도 한다.

- 할머니께서는 <u>오늘</u> 집에 <u>안 계신다</u> [내일 집에 계신다]
- 할머니께서는 오늘 <u>집에</u> <u>안 계신다</u> [사무실에 계신다]
- <u>할머니께서는</u> 오늘 집에 <u>안 계신다</u> [할아버지가 오늘 집에 계신다]
- 오빠는 <u>어제</u> 학교에서 책을 <u>읽지 않았다</u> [오늘 읽었다]
- 오빠는 어제 <u>학교에서</u> 책을 <u>읽지 않았다</u> [집에서 읽었다]

- 오빠는 어제 학교에서 <u>책을 읽지 않았다</u> [운동을 하였다]
- <u>동네사람들이 다 오지 않았다</u> [몇 사람이 안 왔다]
- <u>동네사람들이 다 오지 않았다</u> [아무도 오지 않았다]

◆ 한국어 사용자는 부정 표현을 활용하여 확인하거나 의심을 표현하기도 한다.

- 오늘 가보는 것이 <u>좋지 않을까</u>? [확인, 권유]
- 그 친구가 너를 <u>좋아하지 않았나</u>? [확인]
- 현수가 잘 한다고 <u>하지 않았나</u>? [의심]
- 오늘 눈이 <u>오지 않을까</u>? [의심]

◆ 한국어 사용자는 부정 표현을 활용하여 강조하기도 한다. 강조는 {-지 않-}의 축약형 {-잖-}을 사용하거나 이중 부정 표현을 사용함으로써 실현 된다.

- 송이가 <u>예쁘잖아</u> [강조]
- 현수가 키가 <u>크잖아</u> [강조]
- 김선생이 <u>멋쟁이잖아</u> [강조]
- 이교수가 잘 <u>하잖아</u> [강조]
- 오늘은 <u>끝내지 않으면 안 된다</u> [강조]
- 모든 사람들이 그 아이를 <u>사랑하지 않을 수 없었다</u> [강조]

◆ 동사나 형용사에 따라서는 장형 부정 표현이 단형 부정 표현보다 자연스 럽다. 예를 들면 다음과 같은 동사와 형용사가 이에 속한다.

- 나는 그 사람을 <u>알지 못합니다</u>/*나는 그 사람을 못 압니다

- 저는 그 집의 위치를 <u>모르지 않습니다</u>/*저는 그 집의 위치를 안 모릅니다

- 그 꽃은 <u>아름답지 않다</u>/*그 꽃은 안 아름답다

- 이 칼은 <u>날카롭지 않다</u>/*이 칼은 안 날카롭다

- 안산은 <u>가파르지 않다</u>/*안산은 안 가파르다

- {알다}의 부정 표현으로는 {알지 못하다}만 사용된다. {*안 알다/*알지 않다/*못 알다}는 사용되지 않는다. 곧, 모든 언어형식이 같은 방법으로 부정 표현을 생성하는 것은 아니다.

◆ 한국어 사용자는 한자어를 기반으로 생성된 다양한 부정 표현을 사용한다. 한자의 어휘 생성력이 크기 때문에 이 범주에 속하는 부정 표현도 많다. 예를 들면 다음과 같다.

- 그 사람은 비인간적 非人間的이다/인간적이지 않다/못하다

- 그 사람은 불성실 不誠實하다/성실하지 않다/못하다

- 그 사람은 부정적 否定的이다/긍정적이지 않다/못하다

- 그 사람은 불편 不便하다/편하지 않다/못하다

◆ 한국어 사용자는 다음과 같이 반의어 反意語를 활용하여 부정 표현을 생성하기도 한다.

- 내가 좋아하는 사람 ↔ 내가 싫어하는 사람

- 부지런한 친구 ↔ 게으른 친구

- 지혜가 있는 사람 ↔ 지혜가 없는 사람

- 만나고 싶은 사람 ↔ 만나기 싫은 사람

⇒ 학계에서는 이와 같은 부정 표현은 어휘 범주 또는 의미 범주에서 주로 논의한다.

? 자신이 자주 사용하는 부정 표현을 적고 그 특징을 적어 보자.

부정 표현	특징

? (가)와 (나)를 비교하여 어떤 차이점이 있는지 생각해 보자.

(가)	(나)
현수는 술을 못 마신다.	현수의 건강이 예전만 못하다.
송이는 공부할 형편이 못 된다.	못된 버릇은 고쳐야 한다.
안 먹고 안 쓰고 살았다.	그 친구, 정말 안됐네.

07. 인용 표현

◆ 한국어 사용자는, 자신이 전하는 생각이나 정보가 믿을 수 있는 것임을 밝히기 위하여, 다른 사람의 말이나 글을 직접 또는 간접적으로 인용하기도 한다. 예를 들면 다음과 같다.

- '오는 말이 고와야 가는 말이 곱다'는 속담이 있다 [직접 인용]
- 회장님께서 '참 잘했다' 하시면서 칭찬하셨어요 [직접 인용]
- 형! 아빠가 엄마한테 편지 쓰라고 하셨어 [간접 인용]
- 그 친구는 자기가 제일 잘 한다고 하더라 [간접 인용]

◆ 직접 인용을 할 때는 인용하는 내용을 바꾸지 않고 그대로 활용한다. 그러나 간접 인용을 할 때는 언어 사용자가 인용하는 내용을 바꾸어서 활용한다. 예를 들면, 직접 인용 표현은 {편지를 써라' 하고 말씀하셨다}처럼 인용 내용을 바꾸지 않지만, 간접 인용 표현은 {편지를 쓰라고 말씀하셨다}처럼 인용 내용을 바꾸어 표현한다. 따라서 직접 인용과 간접 인용은 시간 표현과 지시 표현에서 차이가 난다. 한편 인용하는 방법에 따라 조사 {라고/고/하고} 등을 선택적으로 활용한다.

- 그는 <u>어제</u> '<u>오늘</u> 고향에 간다' 라고 했다 [직접 인용]
- 그는 <u>어제</u> 고향에 간다고 했다 [간접 인용]
- 현수는 '<u>내가</u> 직접 할거야' 라고 했다 [직접 인용]
- 현수는 <u>자기가</u> 직접 할거라고 했다 [간접 인용]

? 자신이 자주 인용하는 속담이나 표현을 적고 언제 그 표현을 사용하는지 생각해 보자.

인용 표현	용법

? 윗사람이 말씀하신 내용을 바탕으로 적절한 인용 표현을 만들어 보자.

말씀하신 내용	인용 표현

? 다음과 같은 표현을 사용할 수 있는 상황을 생각해 보자.

재미있군요

말씀을 드리자면

멈추시오

놀고 있겠지

주무십니다

글쎄요

의미와 의미 교육

01. 의미

◆ 의미 意味 *meaning*는 언어생활 속에서 매우 폭넓게 쓰이는 언어형식이자 학술 용어이다. 학계에서는 말, 글, 단어, 텍스트, 행위, 행동 등 언어형식 *linguistic form*, 언어 표현 *linguistic expression*, 또는 언어 기호 *linguistic sign*에서 인지하는 심리영상 *mental image*, 개념, 가치, 사물 등을 포함하는 뜻으로 의미를 사용한다.

◆ 〈표준국어대사전〉에서는 의미를 다음과 같이 정의하는데, 유의어에 속하는 단어 '뜻'도 함께 제시하면 다음과 같다.

> · **의미02 (意味)** 「명사」
> 「1」 말이나 글의 뜻. 「2」 행위나 현상이 지닌 뜻. 「3」 사물이나 현상의 가치.
>
> · **뜻[뜯]** 「명사」
> 「1」 무엇을 하겠다고 속으로 먹는 마음. 「2」 말이나 글, 또는 어떠한 행동 따위로 나타내는 속내. 「3」 어떠한 일이나 행동이 지니는 가치나 중요성.

◆ 언어는 형식(발음/문자)과 의미(내용)로 구성된다. 형식은 의미보다 구체적이고 명시적으로 표현되지만 상대적으로 의미는 추상적이며 명시적으로 표현되지 않는다. 따라서 학문 분야에 따라 의미는 다양하게 정의되었다 (*Richards and Ogden* 1923, 1989, Wikipedia 참조).

- **철학**:①내재 특성, ②다른 사물과의 관계 속에서 드러나는 특징
- **언어학**:③사전 표제어를 설명하는 다른 단어, ④단어의 내포, ⑤본질, ⑥대상 속에 투영된 활동, ⑦의도된 사건과 의지, ⑧어떤 체계 속에서 사물의

위치, ⑨우리의 미래 경험에서 나타나는 사물, ⑩진술에 포함되거나 함의된 이론적 결과, ⑪사물에 의한 감정이나 정서

- **심리학**:⑫선택된 관계에 의해서 실제로 기호와 관련지을 수 있는 것, ⑬자극에 대한 기억 효과 및 획득된 연상/ 어떤 발생 효과가 적용되는 다른 발생/ 기호가 관계하는 것으로 해석되는 사물/ 사물이 암시하는 것, ⑭상징 사용자가 지시하고자 하는 것, ⑮상징 사용자가 스스로 지시한다고 믿는 것, 상징 해석자가 지시하는 것/ 스스로 지시한다고 믿는 것/ 사용자가 지시하고 있다고 믿는 것

◆ 리치 *Leech*(1974, 1981 : 9~23)에서는 의미를 개념적 의미 *conceptual meaning*, 내포적 의미 *connotative meaning*, 사회적 의미 *social meaning*, 정서적 의미 *affective meaning*, 반사적 의미 *reflected meaning*, 연어적 의미 *collocative meaning*, 주제적 의미 *thematic meaning*로 나누어 제시하였다.

◆ 학계에서 자주 논의하는 의미 유형을 정리하면 다음과 같다.

- 중심 의미 : 언어형식이 가지고 있는 기본 의미/핵심 의미
- 주변 의미 : 중심 의미에서 벗어나거나 확장된 의미
- 사전 의미 : 문맥이 없어도 인지할 수 있는 객관적인 의미(개념적 의미)
- 함축 의미 : 사전 의미에 연상, 문화, 관습 등을 고려하여 인지하는 의미(내포적 의미)
- 사회적 의미 : 언어사회 또는 언어 사용자의 사회적 배경을 인지할 수 있는 의미
- 정서적 의미 : 언어 사용자의 심리적 태도나 감정 등을 인지할 수 있는 의미
- 주제적 의미 : 언어 사용자의 의도/주제를 인지할 수 있는 의미
- 반사적 의미 : 의미와는 관계없이 특정 반응을 일으키는 의미
- 연어적 의미 : 둘 이상의 단어가 결합하면서 생성되는 의미

◆ 학계에서 논의하는 대표적인 의미 이론은 지시이론 指示理論 *referential theory*과 개념이론 槪念理論 *conceptual theory*이다.

◆ 지시이론에서는 단어 또는 표현의 의미를 외부 실재 *external reality* 곧 지시물 *referent thing*로 정의한다. {꽃}의 의미를 꽃이 지시하는 실제 대상물 *object*로 보는 이론이다 : 꽃 → ✿❋✾❀(신현숙 · 김영란, 2012 : 37). 이 이론 은 플라톤의 〈대화 *Cratylus 'dialogue'*〉에서 그 기원을 찾을 수 있다. 플라톤 에 따르면 단어는 사물을 명명 *naming*하거나 지시하는 *refer to* 것이다. 지시 이론의 연구 성과는 어휘 교육 현장에서 자주 활용하고 있는 그림 사전이 나 그림 카드에서 찾을 수 있다. 그러나 지시이론은 다음과 같은 경우에 의 미를 설명할 수 없는 한계도 있다 : ① 세상에서 지시물을 찾을 수 없는 경우 (예 : 자유, 사랑, the, icy 등), ② 지시물이 세상에 존재하지 않는 경우(예 : 천 사, 불사조 등), ③ 지시물은 하나인데 단어나 표현이 둘 이상 존재하는 경 우(예 : 밥/ 진지, 바다/ ocean/ 海 등).

◆ 개념이론에서는 단어 또는 표현의 의미를 언어 사용자의 생각 *thought* 이나 마음 *mind*과 관련지을 수 있는 아이디어 *idea*, 이미지 *image*, 개념 *concept*으로 정의한다. 개념이론은 내면세계에 초점을 맞춘다는 점에서 외 부 실재 *external reality*에 초점을 맞추는 지시이론과는 차이가 있다.

◆ 리처즈와 오그던 *Richards and Ogden* (1923, 1989, Wikipedia 참조)에서 제 시한, 기호삼각형 *semiotic triangle*의 생각 또는 지시 *thought or reference*를 언 어 사용자의 내면세계에 있는 개념 곧 의미로 본다(신현숙 · 김영란, 2012 : 37).

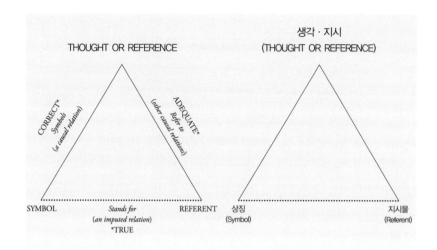

■ 기호삼각형에는 단어 또는 표현인 상징 *symbol*과 지시물 *referent* 사이
에 생각 또는 지시 *thought or reference*가 있다. 따라서 기호삼각형은
지시이론에서 설명할 수 없는 추상적인 개념이나 상상 속에 있는 개
념, 맥락 등을 고려한 의미 차이도 설명할 수 있는 개념이론의 기반
이 된다. 그러나 언어 사용자의 머리나 마음속에 있는 개념 또는 내
면세계가 똑같지 않기 때문에 단어 또는 표현이 지시하는 의미 또한
차이가 있다.

02. 의미 교육

◆ 2012년 고시된 국어과 교육과정에서 의미에 관한 교육 내용은 다음과 같다. 밑줄 친 내용에 따르면 중학교와 고등학교에서는 단어의 의미와 의미 관계에 초점을 맞추어 교수·학습 내용을 구성하고 있다.

중학교	**어휘의 유형과 의미 관계를 이해하고 활용한다.** 국어 어휘를 유형화하고 단어가 맺는 관계를 이해하는 것은 단어의 세계에 대한 국어 의식을 고양시킬 뿐만 아니라 실제 의사소통 상황에서 단어를 효과적으로 사용할 수 있도록 함으로써 의사소통 능력 신장에 기여할 수 있다. 국어의 어휘를 다양한 기준에 따라 여러 가지 방식으로 나눠 보게 하고 단어가 맺는 다양한 관계를 이해시킨다. 그리고 구체적인 의사소통 상황에서 어휘가 어떻게 사용되고 있는지 각 어휘의 특성과 관련지어 분석해 보게 하고, 마찬가지로 <u>의미 관계를 맺고 있는 단어가 실제 의사소통 상황에서 사용되는 양상을 분석해 보게 한다.</u> 이러한 활동이 궁극적으로는 올바르고 효과적으로 어휘를 사용하고자 하는 노력으로 이어질 수 있도록 지도한다.
고등학교	**단어의 의미 관계와 의미 변화의 양상을 탐구하고 이해한다.** <u>글을 이해하려면 단어의 의미를 정확히 알 필요가 있다. 유의 관계, 반의 관계, 상하 관계와 같은 단어의 의미 관계를 비롯하여 다의어, 동음이의어에 대해서도 탐구하고 이해하도록 한다. 또한 단어의 의미가 역사적으로 축소, 확대, 이동해 온 양상을 이해하도록 한다.</u> 한 단어를 두고 다양하게 연상어를 도출하는 활동을 통하여 단어의 깊이와 넓이를 체험하여 어휘의 창의적 사용 능력을 기르도록 한다. 독서와 관련하여 글에서 핵심어의 기능, 단어 의미의 표현 효과 등을 생각해 볼 수 있다.

◆ 2012년 고시된 교육과정에 따르면, 학교문법에서 논의하는 의미 관계로는 유의 관계, 반의 관계, 상하 관계, 다의 관계, 동음이의 관계 등이 있다.

02-1. 단어의 의미 관계

◆ 한국어 어휘에는 비슷한 의미를 지시하는 어휘 범주가 있다. 이 범주에 속하는 어휘 항목의 관계를 유의 관계 類義關係로 본다. 유의 관계는 다음과 같이 다양한 요인으로 형성된다.

- 방언 차이 : 부추 – 정구지, 배추 – 배차, 무 – 무우 – 무수
- 문체 차이 : 소젖 – 우유 – 밀크, 손전화 – 핸드폰 – 스마트폰
- 전문성 차이 : 염화나트륨 – 소금, 맹장염 – 충수염
- 내포의 차이 : 사람 – 인간, 기쁘다 – 즐겁다, 친구 – 동무
- 완곡어법 활용 : 아프시다 – 편찮으시다, 죽다 – 하늘나라로 떠났다

◆ 유의 관계가 있는 어휘 항목을 유의어 類義語 *synonym*라고 한다. 학자에 따라서는 동의어 同義語라고도 하지만 학계에서는 유의어 또는 비슷한 말을 사용한다. 의미와 쓰임이 똑같은 어휘 항목은 없다고 보기 때문이다.

◆ 유의어의 의미 차이는 다음과 같은 방법으로 밝힐 수 있다.

- 문맥 활용 : 쉴 {틈/겨를}이 없다/벽에 {틈/*겨를}이 생겼다
- 대립어 활용 : {맑은} 물/ {깨끗한} 물 : {흐린} 물/ {더러운} 물
- 의미로 배열 : {실개천}–{개울}–{시내}–{냇물}–{하천}–{강}

? 다음 자료를 바탕으로 유의어가 발달한 동기 또는 원인을 생각해 보자.

깨닫다/깨우치다/각성 覺性하다/자각 自覺하다	
엄마/어머니/모친/마마, 잔치/연회/파티	
너/자네/당신/댁/이 사람/이 친구	
노랗다/노르스름하다/노릇노릇하다	
성탄절/크리스마스, 리플/댓글, 네티즌/누리꾼	

? 문맥을 활용하여 {재미있다}와 {즐겁다}의 의미 차이를 밝혀 보자.

{재미있다}	{즐겁다}
윷놀이가 무척 재미있다	윷놀이가 무척 즐겁다
학교생활이 재미있다	
아이들은 뭐가 재미있는지 깔깔대고 웃었다	
재미있는 영화/재미있는 만화	
재미있는 소문이 들리더라	
현수는 이야기를 재미있게 한다	

◆ 한국어 어휘에는 의미가 대립하여 서로 짝을 이루는 어휘 범주가 있다. 이 범주에 속하는 어휘 항목의 관계를 반의 관계로 본다. 이때 짝을 이루는 어휘 항목을 반의어 反意語 *antonym*라고 한다.

> · 현수는 **남학생**이고, 송이는 **여학생**이다.
> · 현수가 문을 **열고**, 송이가 문을 **닫았다.**

⇒ {남학생}과 {여학생}, {열다}와 {닫다}는 공통 의미를 가지고 있으면서도 반대되는 의미를 지니고 있는 반의어이다.
⇒ 반의 관계를 정리하면 다음과 같다.

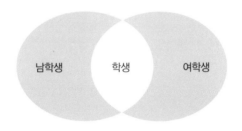

◆ 반의어의 특성은 다음과 같이 정리할 수 있다.

- 반의어는 공통 의미를 가지고 있으면서 한 가지 의미만 다를 때 성립한다.
  → 남자 : 여자, 소녀 : 소년, 크다 : 작다, 많다 : 적다, 사다 : 팔다
- 반의어는 하나 이상의 어휘 항목으로 구성된다.
  → 싱겁다 : 짜다/맵다/쓰다/시다/달다, 고유어 : 한자어/외래어/외국어
- 다양한 의미를 지시하는 어휘 항목은 다양한 반의어와 대응한다.
  → 서다 : 앉다/가다/무디다, 가다 : 오다/들다/서다

◆ 반의어는 대립하는 방법에 따라서 그 유형이 달라진다.

- 유무 대립 : 특정 의미 자질이 있느냐 없느냐를 기준으로
  → [±남성] : 아버지 : 어머니, 아들 : 딸, 남편 : 아내, 오빠 : 누나, 시동생 : 시누이
- 계단 대립 : 특정 의미 자질이 얼마나 있느냐 없느냐를 기준으로
  → [길이] : 길다 ↔ 짧다, [넓이] : 넓다 ↔ 좁다, [크기] : 크다 ↔ 작다

? 다음 자료를 바탕으로 반의어의 비대칭성을 생각해 보자.

커다랗다 : *작다랗다, 길이 : *짧이, 두께 : *얇께	
높낮이 : *낮높이, 앞뒤 : *뒤앞, 좌우 : *우좌	
오가다 : *가오다, 오락가락하다 : *가락오락하다	
남녀 : *여남, 신사숙녀 여러분 : *숙녀신사 여러분	
부모 : *모부, 소년소녀 : *소녀소년, 암수 : *수암	

단어	의미	반의어
{서다}	계단에 서다	
	칼날이 서다	
	자동차가 서다	
	위신이 서다	

◆ 한국어 어휘에는 의미 계층 구조에서 상하 관계를 이루고 있는 어휘 범주가 있다. 이 범주에 속하는 어휘 항목을 상위어 上位語 *hyperonym* 또는 하위어 下位語 *narrower term*라고 한다. 정리하면 다음과 같다.

• 상위어 : 넓은 의미를 지시하는 일반적인 어휘
  → {생물}은 {동물}의 상위어, {동물}은 {개}의 상위어, {개}는 {치와와}의 상위어이다.

• 하위어 : 좁은 의미를 지시하는 개별적인 어휘
  → {동물}은 {생물}의 하위어, {개}는 {동물}의 하위어, {치와와}는 {개}의 하위어이다.

◆ 하위어는 상위어가 지시하는 의미를 모두 함의한다. 그러나 상위어는 하위어가 지시하는 의미를 모두 함의하지 않는다. 상하위어 사이에는 한국어 사용자가 기본 층위로 생각하는 중간 층위가 있다. 예컨대 {동물}과 {치와와} 사이에 있는 {개}를 기본 층위로 본다. 일반적으로 기본 층위에 있는 {개}는 기초 어휘에 속하기 때문에 {동물}이나 {치와와}같은 어휘소보다 먼저 습득한다. 한국어에서 기본 층위의 어휘는 고유어를 기반으로 하며 언어

형식도 짧다. 한편 기본 층위에 속하는 어휘 목록은 사용빈도가 높다.

◆ 한국어 어휘 범주에는 표기와 발음은 같지만 의미가 다른 (동철자 同綴字)동음이의어 同音異議語 *homonym* 범주가 있다.

- {모자를 쓰다/글씨를 쓰다/책을 쓰다/돈을 쓰다/사람을 쓰다/약이 쓰다}
  → {쓰다}의 표기와 발음은 같지만 의미는 다르다.

- {배를 사왔다/배가 아프다/오늘은 두 배로 바쁘다/내일은 배를 타고 간다}
  → {배}의 표기와 발음은 같지만 의미는 다르다.

  ■ 동음이의어는 표기와 발음이 같아도 다른 어휘 항목이다. 따라서 모든 항목이 사전의 표제어가 된다. 곧 {쓰다}는 {쓰다1/ 쓰다2/ 쓰다3 ……}과 같이 서로 다른 표제어로 의미를 기술하게 된다.

◆ 한국어 어휘 범주에는 다양한 의미를 인지할 수 있는 다의어 多義語 *polysemy* 범주가 있다. 동음이의어와는 달리 다양한 의미 사이에서 역사성 또는 관련성을 인지할 수 있다. 예를 들면 다음과 같다.

- {모자를 쓰다/우산을 쓰다/누명을 쓰다}
  → {쓰다}의 표기와 발음뿐만 아니라 의미 사이에도 관련성이 있다고 본다.

- {머리가 아프다/머리가 좋다/머리가 크다/머리를 쓰다}
  → {머리}의 표기와 발음뿐만 아니라 의미 사이에도 관련성이 있다고 본다.

⇒ 다양한 의미를 지시하지만 의미 사이에 관련성이 있기 때문에 하나의 어휘 항목으로 본다. 이때 {모자를 쓰다}의 {쓰다}는 원형 의미이고

{누명을 쓰다}의 {쓰다}는 확장 의미이다. 곧 {쓰다}는 구체적인 행위에서 추상적인 상태로 의미가 확장되었다.

◆ 대표적인 다의어로는 신체어 범주에 속하는 단어를 예로 들 수 있다.

{머리}	현수는 머리가 아프다고 한다 [머리] 머리 좀 예쁘게 잘라 주세요 [머리카락] 송이는 머리가 좋다 [두뇌, 기억력]
{손}	손을 깨끗이 닦아라 [손] 일손이 모자란다 [사람] 그 친구와 손을 끊어야겠다 [관계]

■ 원형 의미의 확장 과정은 다음과 같이 정리할 수 있다.

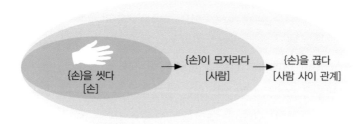

? 사전에 실린 동음이의어와 다의어를 찾아 정리해 보자.

동음이의어	다의어

◆ 한국어 어휘 범주에는 언어형식이 결합하면서 새로운 의미가 생성되는 관용 관계와 연어 관계를 나타내는 범주가 있다. 관용 관계는 관용어 慣用語 *idiom* 또는 관용구로 표현되고 연어 관계는 연어 連語 *collocation*로 표현된다.

◆ 〈표준국어대사전〉에서는 관용어와 관용구에 대한 정보를 다음과 같이 제시한다.

> **관용-어** (慣用語) 「명사」 「1」 습관적으로 쓰는 말. 「2」 『언어』=관용구.
> **관용-구** (慣用句) [―꾸] 「명사」 『언어』 두 개 이상의 단어로 이루어져 있으면서 그 단어의 의미만으로는 전체의 의미를 알 수 없는, 특수한 의미를 나타내는 어구 (語句). '발이 넓다'는 '사교적이어서 아는 사람이 많다.'를 뜻하는 것 따위이다. ≒관용어 「2」·성어02 (成語) 「3」·숙어 (熟語) 「2」·익은말·익은이은말.

◆ {사람}으로 시작하는 관용구와 그 의미는 다음과 같다 〈표준국어대사전 참조〉.

- 사람(을) 버리다 : 좋지 못한 사람으로 되게 하거나 사람을 못 쓰게 만들다.
- 사람 같지 않다 : 사람으로서 마땅히 지녀야 할 품행이나 덕성이 없다.
- 사람 살려 : 생명에 위험을 느낄 만큼 위급한 상황에 처하였을 때 외치는 소리.

◆ 관용 표현은 다음과 같은 특징이 있다.

- 어휘 항목의 의미로 관용 표현의 의미를 인지할 수 없다.
  - → 미역국을 먹었다 : {미역국}과 {먹다}의 의미로는 [시험에 떨어졌다]는 의미를 인지할 수 없다.
- 관용 표현은 형식과 의미가 굳어져서 형식이나 의미를 바꾸기 어렵다.

→ 뜨거운 미역국을 많이 먹었다:[시험에 떨어졌다는 의미를 인지할 수 없다.

◆ 관용 표현에 따라 언어 사용자가 인지할 수 있는 의미가 다르다.

- 관용 표현이 지시하는 의미를 인지하기 어려운 경우
  → 어처구니가 없다, 오지랖이 넓다
- 관용 표현이 지시하는 의미를 어느 정도 인지하는 경우
  → 바가지 긁다, 국수 먹다, 바람 맞다
- 관용 표현이 지시하는 의미를 상당부분 인지하는 경우
  → 무릎을 꿇다, 손이 크다, 발이 넓다

◆ 관용 표현 중에서 지시하는 의미를 상당부분 인지할 수 있는 표현은 문맥에 따라서 글자 그대로의 의미와 관용적 의미로 모두 해석되는 중의성을 지닌다. 학자에 따라서는 관용적 의미로 해석되는 경우만을 관용 표현으로 보고 글자 그대로의 의미로 해석되는 경우는 연어로 파악하기도 한다.

- 송이는 손이 크다.
  [송이는 신체 부위인 손이 크다] → [송이는 물건이나 재물의 씀씀이가 크다]

◆ 연어 관계는 두 개 이상의 단어가 이어져서 하나의 단위로 쓰이는 경우에 성립하는 관계이다.

- 관습적으로 나타나는 연어 제약이 있다.
  → 새빨간 거짓말/*새파란 거짓말, 새까만 후배/*새빨간 후배
- 선택제한으로 나타나는 제약이 있다.
  → 말을 하다/*말을 부르다/*말을 추다, 노래를 부르다, 춤을 추다, 공을 차다, 손뼉을 치다

? 다음 관용 표현의 의미를 사전에서 찾아 정리해 보자.

관용 표현	의미
오지랖이 넓다	
어처구니가 없다	
산통을 깨다	
시치미를 떼다	
삼천포로 빠지다	

? 신체어를 바탕으로 생성된 관용 표현과 연어를 조사해 보자.

신체어	관용 표현	연어
눈		
코		
입		
손		
발		

02-2. 문장의 의미 관계

◆ 문장과 문장 사이에서도 유의 관계를 찾을 수 있다. 진리치가 같은 범주에 속하는 문장도 있고, 개념이나 사건이 같은 범주에 속하는 문장도 있다. 그러나 언어 사용자는 다른 상황에서 다른 의미를 전하기 위하여 다른 문장을 사용한다. 곧 실제 언어생활 속에서 동의 관계 범주에 속하는 문장은 찾기 어렵다.

◆ 유의 관계에 속하는 범주와 자료를 살펴보면 다음과 같다.

유의 관계 범주	자료 1	자료 2
능동 표현과 피동 표현	사냥꾼이 꿩을 잡았다	꿩이 사냥꾼한테 잡혔다
사동 표현	어머니를 웃겼다	어머니를 웃으시게 했다
부정 표현	아버지는 못 가신다	아버지는 가시지 못한다
반의어	형이 동생한테 땅을 팔았다	동생이 형한테서 땅을 샀다
어순	장미꽃이 예쁘게 피었다	예쁘게 장미꽃이 피었다
접속 조사	언니와 오빠가 왔다	오빠와 언니가 왔다
조사 생략	소금을 주세요	소금 주세요

⇒ 〈표〉에 제시한 자료는 유의 관계 범주에 속한다. 〈자료 1〉에 제시한 문장과 〈자료 2〉에 제시한 문장의 진리치나 개념 또는 사건 등은 같다. 그러나 한국어 사용자는 〈자료 1〉과 〈자료 2〉에 속하는 문장의 쓰임과 의미가 똑 같다고 인지하지 않는 경우가 많다. 예를 들면 언어 사용자의 초점, 정서, 태도 등이 다르다고 본다. 따라서 학계에서는 동의 관계로 설명하지 않고 유의 관계로 설명한다.

◆ 문장이 언제나 하나의 의미를 지시하는 것은 아니다. 한 문장이 두 가지 이상의 의미로 해석되는 문장 범주도 있다. 이러한 특성을 문장의 중의성 重義性 *ambiguity*이라 한다. 중의성이 일어나는 몇 가지 요인과 자료를 살펴보면 다음과 같다.

중의성 요인	자료	의미 해석
주어/목적어 범위	현수가 창이와 송이를 웃겼다	① 주어:현수, 목적어:창이/송이 ② 주어:현수/창이, 목적어:송이
비교 범위	아빠는 엄마보다 딸을 사랑한다	① 엄마와 딸을 비교 ② 아빠와 엄마를 비교
수식 범위	내가 좋아하는 친구의 어머니	① 좋아하는 친구 ② 좋아하는 어머니
부정 범위	문제를 다 풀지 못하였다	① 모든 문제 ② 일부 문제
동작, 상태	현수는 운동화를 신고 있다	① 신는 동작 ② 신은 상태

⇒ 〈표〉에 제시한 자료에서는 두 가지 이상의 의미를 인지할 수 있다. 곧 중의성이 있는 문장 범주이다.

◆ 중의성으로 인하여 의미 해석이 달라지거나 의사소통에 어려움이 생기기도 한다. 따라서 언어 사용자는 중의성을 없애기 위한 노력을 하기도 한다. 예를 들면 다음과 같이 바꾸면 중의성이 없어진다.

중의성이 있는 문장	중의성이 없는 문장
현수가 창이와 송이를 웃겼다	현수가 창이와 함께 송이를 웃겼다
아빠는 엄마보다 딸을 사랑한다	아빠는 엄마를 사랑하지만 딸을 더 사랑한다
내가 좋아하는 친구의 어머니	내가 좋아하는 친구어머니
문제를 다 풀지 못하였다	문제를 하나도 풀지 못하였다
현수는 운동화를 신고 있다	현수는 운동화를 신는 중이다

◆ 언어 사용자는 한 문장을 통하여 다양한 의미와 정보를 제공한다. 앞서 일어난 명제를 곧 전제 前提 *presupposition*를 표현하기도 하고, 언어 사용자가 전하고자 하는 의미 곧 함의 含意 *implication*를 표현하기도 한다.

분류	자료	부가적으로 인지할 수 있는 정보
전제	언니는 어제 산 옷을 입었다	언니는 어제 옷을 샀다
	오빠는 시험에 합격하였다	오빠는 시험을 보았다
	형은 이혼한 것을 후회하였다	형은 결혼하였다, 형은 이혼하였다
함의	동생이 꽃병을 깼다	꽃병이 깨졌다
	오늘도 눈이 오네	다른 날도 눈이 왔다
	우리 형만 영어를 잘 한다	다른 사람은 영어를 잘 하지 못한다

⇒ 〈표〉에서 제시한 자료와 같이 언어 사용자는 한 문장을 통하여 다양한 정보를 제공한다.

? 아래 문장에서 중의성이 생기는 요인이 무엇인지 찾고, 중의성을 없애기 위하여 어떻게 하면 좋은지 생각해 보자.

문장	중의성 요인	중의성을 제거한 문장

- 그 친구는 말이 많다.
- 현수의 할아버지는 호랑이시다.
- 이것은 송이 사진이다.
- 송이는 우리반 회장이 아니다.
- 현수와 송이는 결혼했다.

? 중의성을 지닌 문장을 만들어 보고, 중의성을 없애기 위해서 어떻게
하면 좋은지 이야기해 보자.

중의성을 지닌 문장	중의성을 없애는 방법

? 다음에 나오는 표현의 쓰임과 의미를 정리해 보자.

나는 동생한테 심부름을 시켰다	
엄마가 생각난다 오늘 같은 날은	
정말 잘했군	
이 그림은 내가 그린 것이 아니다	
잘 만들었다 정말	
친구라고 다 친구가 아니다	

? 다음 표현이 성립할 수 있는 상황이나 조건을 생각해 보자.

오늘 만나자고 약속을 하였다

그 사람은 정말 이상하다

언제 또 가니?

너까지 그렇게 생각하니?

이선생도 마라톤을 하는구나?

어제 만난 사람 누구니?

담화와 담화 교육

01. 담화

◆ 담화 談話 *discourse*는 문장이나 발화 단위보다 큰 언어 단위이다. 하나 이상의 문장이나 발화에서 통일성 統一性 *cohesion* 또는 응집성 凝集性 *coherence*을 찾을 수 있으면 담화로 본다.

◆ 문장 의미는 언어형식을 바탕으로 정보나 의미를 해석하는 경향이 있고, 발화 의미는 언어 사용자, 시간, 공간 등 다양한 상황을 바탕으로 정보나 의미를 해석하는 경향이 있다. 문장은 현실 세계에서는 실현되지 않은 추상적, 잠재적 체계로 문법성에 의존한다. 반면 담화는 현실 세계에서 의사 전달을 목적으로 의사소통의 행위 속에서 실현된 단위이기 때문에 발화와 마찬가지로 문법성보다는 상황과 맥락, 발화자의 의도에 의존한다.

◆ 〈표준국어대사전〉에서는 담화에 관한 정보를 다음과 같이 제시하고 있다.

> **담화03 (談話)** 「명사」
> 「1」 서로 이야기를 주고받음.
> 「2」 한 단체나 공적인 자리에 있는 사람이 어떤 문제에 대한 견해나 태도를 밝히는 말.
> 「3」 『언어』 둘 이상의 문장이 연속되어 이루어지는 말의 단위.

◆ 〈Oxford Dictionary〉에서는 다음과 같은 정보를 제공하고 있다.

> **discourse** noun
> 1 written or spoken communication or debate
> 1.1 [count noun] a formal discussion of a topic in speech or writing
> 1.2 Linguistics a connected series of utterances; a text or conversation.

◆ 사전류에서는 텍스트와 대화를 모두 포함하는 개념으로 담화를 정의하고 있다. 텍스트는 영역과 목적에 따라서 의미와 대상에 차이가 있다. 〈표준국어대사전〉에서 제시한 정의에 따르면 텍스트는 '문장보다 더 큰 문법 단위'로 '문장이 모여서 이루어진 한 덩어리의 글'을 의미한다.

◆ 하나 이상의 문장이나 발화가 연결된 것이 모두 담화는 아니다. 문장과 문장 사이에 또는 발화와 발화 사이에 다음과 같은 특징이 있을 때 담화라고 한다.

특징	자료
통일성	현수가 왔다. 그 친구는 정말 인사를 잘 한다.
응집성	오늘은 배가 고팠다. 그래서 식당에 들어가 불고기를 2인분 시켰다.
의도성	A:이 방은 정말 덥구나. B:선풍기를 가지고 올까요? A:좋지.
수용성	A:안녕하세요? B:아! 안녕하세요? 언제 오셨어요?
정보성	A:이 책이 얼마인가요? B:그 책은 오천원입니다.
상황성	A:저 분이 누구신가요? B:저 분이 새로 오신 사장님이십니다.
상호텍스트성	A:이 시의 주제는 무엇인가요? B:그 시의 주제는 사랑입니다.

■ 〈표〉에 제시한 자료를 보면 앞 뒤 문장이나 발화 사이에 관련성이 드

러난다. 특히 지시어 {이/그/저}가 쓰인 자료는 상황과 관련짓지 않으면 이해하기 어려운 담화이다.

■ 문장이나 발화 사이의 관련성을 형성하기 위해서 다양한 장치가 사용된다. {현수가 왔다. 그 친구는 정말 인사를 잘 한다}는 {그 친구}가 {현수}를 지칭하면서 {현수}에 관한 주제로 발화를 이어간다. {오늘은 배가 고팠다. 그래서 식당에 들어가 불고기를 2인분 시켰다}는 {그래서}가 앞 발화가 다음 발화의 원인이 되었음을 나타내어 두 발화를 응집성 있게 연결한다. 만일 {현수가 왔다. 창이는 정말 인사를 잘 한다}와 같이 발화가 이어진다면 이 표현에서는 통일성이 결여되어 담화로 보기 어렵다.

◆ 실제 담화에서는 생략되는 표현도 많고 군더더기처럼 첨가되거나 반복되는 표현도 많다.

범주	목적	자료
생략	의사소통이 가능하면 생략 중요하지 않은 정보는 생략	A: 언제 떠나세요? B: 내일 아침에
첨가	정보 수정/보완을 위하여 첨가	노트북을 사야겠다 아니 아이패드 가벼운 것으로
	정보를 구체화하기 위하여 첨가	외국어를 배워야겠다 스페인어
반복	중요한 정보는 반복	친구가 왔다고 그 친구가
	강조하고 싶은 정보는 반복	감사합니다 정말 감사합니다

■ 언어 사용자는 청자/독자 등을 고려하여 담화 내용이나 유형도 바꾼다. 상황에 따라서는 주제/언어형식/표현 방법 등도 바꾼다.

◆ 담화는 의사소통의 행위 속에서 실현되는 단위로, 담화의 해석은 언어 정보뿐만 아니라 상황/맥락/발화자의 의도 등에 의존한다. 실제 담화에서 한국어 사용자는 상황과 맥락으로 추론할 수 있는 정보나 중요하지 않은 정보는 생략함으로써 의사소통의 효과를 높인다. 한편 중요한 정보는 중복 또는 잉여 정보일지라도 정보를 반복함으로써 정보의 중요성과 가치를 강조한다.

? 담화에서 통일성을 충족시키는 언어형식을 찾아서 적어 보자.

담화	통일성 장치

? 응집성이 잘 갖추어진 담화를 찾아 응집성을 설명해 보자.

담화	응집성

02. 담화와 의사소통

◆ 담화는 언어 사용자가 실제 언어생활 속에서 구체적으로 표현한 결과이다. 〈언어 사용자 1〉은 의사소통에 필요한 정보와 담화 유형을 선택하여 담화를 생성한다. 한편 〈언어 사용자 2〉는 담화 속에서 자신이 필요한 정보를 선택하여 정보/의미를 해석하고 반응한다. 반응을 하기 위하여 〈언어 사용자 2〉는 다시 담화를 생성하기도 한다. 이러한 의사소통 과정 속에서 담화는 언어 사용자의 생각, 경험, 지식, 감정 등 다양한 정보를 담는 그릇이 된다. 그 과정을 정리하면 다음과 같다.

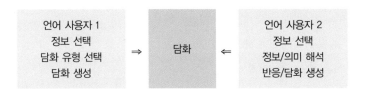

◆ 대표적인 의사소통 이론으로는 그라이스 *Grice*가 제시한 협력 원칙 *The Cooperative Principle*이 있다 (이익환·권경원 역, 1992:112 와 Mey:2009 참조).

- The maxim of *quantity* (양의 격률):
    ① Make your contribution as informative as required;
      (필요한 양의 정보를 제공하라)
    ② Do not make your contribution more informative than required.
      (필요 이상의 정보를 제공하지 말라)

- The maxim of *quality* (질의 격률) :

  ① Do not say what you believe to be false;

  (거짓이라고 믿는 것은 말하지 말라)

  ② Do not say that for which you lack adequate evidence.

  (적절한 증거가 없는 것은 말하지 말라)

- The maxim of *relation* (관련성의 격률) :

  Make your contribution relevant. (관련성을 지녀라)

- The maxim of *manner* (태도의 격률) :

  Be perspicuous, and specifically : (명료하라, 그리고 특히 :)

  ① avoid obscurity (모호성을 피하라)

  ② avoid ambiguity (중의성을 피하라)

  ③ be brief (간결하게 하라)

  ④ be orderly (조리있게 하라)

■ Grice (1975)에서 제시한 대화의 격률은 최대한 효과적이고 타당성 있게 상호 협력하여 대화하기 위하여 대화 참여자가 어떻게 해야 하는 가를 밝히고 있다. 대화 참여자는 대화에 필요한 정보를 제공하면서 진실하게 전후 관계에 맞도록 간단명료하게 표현하라는 것이다 (이익환·권경원 역, 1992 : 112 참조).

◆ 의사소통을 효과적으로 성공시키기 위한 것으로, 리치 *Leech* (1983)가 제시한 공손 원칙 *Politeness Principle*도 대표적인 의사소통 이론이다.

- 재치 격률 *Tact Maxim*

  ① 다른 사람에게 주는 부담은 최소화하라.

  ② 다른 사람의 이익은 최대화하라.

- 관용 격률 *Generosity Maxim*

  ① 자신의 이익은 최소화하라.

  ② 자신의 손해는 최대화하라.

- 칭찬 격률 *Approbation Maxim*

  ① 다른 사람에 대한 비난은 최소화하라.

  ② 다른 사람에 대한 칭찬은 최대화하라.

- 겸양 격률 *Modest Maxim*

  ① 자신에 대한 칭찬은 최소화하라.

  ② 자신에 대한 비난은 최대화하라.

- 동의 격률 *Agreement Maxim*

  ① 자신과 다른 사람 사이의 의견 차이는 최소화하라.

  ② 자신과 다른 사람과의 동의는 최대화하라.

- 공감 격률 *Sympathy Maxim*

  ① 자신과 다른 사람 사이의 반감은 최소화하라.

  ② 자신과 다른 사람 사이의 공감은 최대화하라.

◆ 그라이스가 제시한 협력 원칙과 리치가 제시한 공손 원칙은 원활한 의사소통을 목표로 적극 고려할 수 있다. 한편 이 원칙은 담화를 분석하는 중요

한 기준이 된다. 상황과 대상에 적합한 담화 또는 원활한 의사소통의 요인은 물론 장애 요소까지도 위에서 제시한 협력 원칙과 공손 원칙을 중심으로 찾을 수 있다. 협력 원칙과 공손 원칙은 사회 · 문화적 배경에 따라 중요하게 인식하는 원칙 또는 원칙의 우선 순위에서 차이가 난다.

? 의사소통에 장애가 생긴 경험을 제시하고 장애가 된 요소를 찾아 보자.

의사소통 사례	장애 요소

03. 담화 교육

◆ 2012년 고시된 국어과 교육과정에 따르면 문법 영역에서 교수·학습하는 담화 교육 내용은 다음과 같다.

	담화의 개념과 특성을 이해하고 담화 상황에 적합한 국어 생활을 한다.
중학교	담화 자체에 대한 이해는 자신의 국어 생활을 반성적으로 돌아볼 수 있게 하여 올바르고 효과적인 의사소통 능력을 기르는 데 기여한다. 이를 위해 먼저 담화의 기본 개념을 맥락(상황 맥락과 사회·문화적 맥락)과 관련지어 이해시킨다. 사회·문화적 맥락과 관련하여 지역, 세대, 성별, 다문화 등에 따른 언어 변이 현상을 다룬다. 언어의 구체적인 의미는 실제 의사소통의 상황 속에서 결정된다는 점을 알고 언어 표현을 화자·청자의 의도나 처지, 맥락 등과 관련지어 분석하고 평가하는 활동을 하게 한다. 이와 같은 활동을 통해 차별적 표현을 줄이고 상대를 배려하는 표현을 익히는 등 학생들이 자신의 의사소통 능력을 실질적으로 신장시키고 자신의 국어 생활을 돌아볼 수 있도록 지도한다.
고등학교	올바른 문장 표현과 효과적인 담화 표현의 양상을 탐구한다.〈국어 Ⅱ〉 담화의 개념과 특성을 이해하여 적절하고 효과적인 국어 생활을 하도록 한다. 담화에서 지시·대용·접속 표현의 기능과 효과를 이해한다.〈독서와 문법〉

■ 교육과정에 따르면 담화의 개념, 특성, 상황, 담화 표현의 양상, 지시·대용·접속 표현의 기능과 효과 등을 담화 교육 내용으로 구성할 수 있다.

03-1. 담화 생성과 해석

◆ 담화 생성을 위해서 언어 사용자는 다양한 언어형식이나 표현을 활용할 수 있다.

범주	언어형식	자료
담화 표지	그래, 뭐, 있지요, 저기요, 글쎄 등	언니! 저기요! 김치 좀 더 주세요
지시 표현	이, 그, 저, 이것, 그것, 저것 등	어제 영화를 보았는데…… 그 영화 참 재미있더라. 너도 봐라.
높임 표현	너, 자네, 당신, 회장님, 갑니다 등	회장님께서 가십니다.
대용 표현	그래서, 그렇지만, 그러니까, 그러나 아울러, 하지만, 그러므로 등	서울에서 현수가 왔다. 그래서 오늘은 나가서 저녁을 먹었다.
접속 표현		
심리 표현	설마, 제발, 결코, 어찌, 응당 등	설마 너도 나를 의심하는 거니?

◆ 담화에 나타나는 다양한 언어형식은 앞서 형태소 및 단어, 품사 교육에서 다루었던 항목이다. 예를 들어 {그래/뭐} 등은 감탄사로, {이/그/저} 등은 지시대명사로, 각 단어의 형태/기능/의미는 주로 단어 및 문장 층위에서 다루었다. 담화 교육에서는 언어형식의 형태/기능/의미보다는 담화 구성 요소로서의 역할과 기능에 초점을 둔다. 담화 {어제 영화를 보았는데…… 그 영화 참 재미있더라. 너도 봐라.}에서는 {그}와 {너}가 지시하는 대상이 무엇인지도 중요하지만, 화자/발신자와 청자/수신자가 동일한 배경 지식을 공유하고 {너}라는 지시 표현이 어색하지 않은 관계임을 이해하는 것이 필요하다.

◆ 담화 해석을 위해서는 다음과 같은 요소를 고려하여야 한다.

요소		세부 내용
화자		화자의 생각, 의도, 의지, 믿음, 감정, 느낌 등을 고려한다.
청자		청자에 대한 판단, 믿음, 기대, 감정, 느낌 등을 고려한다.
맥락	언어적 맥락	담화 표지, 지시 표현, 대용 표현, 접속 표현 등을 고려한다.
	비언어적 맥락	상황 맥락, 사회·문화적 맥락 등을 고려한다.
발화		어휘, 종결 표현 등 다양한 표현 범주 등을 고려한다.

■ 문장이 인간의 추상적인 언어능력의 산물이라면 담화는 의사소통 과정과 결과로 실현된 구체적인 언어사용 능력의 산물이다. 따라서 언어 사용자는 올바른 담화 해석을 위해서 언어 지식뿐만 아니라 현실 세계의 시간/장소/동기/목적 등 모든 요소를 총동원한다.

? 실제 담화에서 자신이 사용하는 심리 표현을 정리하고 그 의미를 생각해 보자.

담화 자료	형식	의미

03-2. 담화 자료와 유형

◆ 2012년 고시된 국어과 교육과정에서 제시한 담화 자료는 매우 다양하다. 담화 유형에 대한 이해를 돕기 위하여 초등학교 교육과정에서 제시한 담화 자료를 소개하기로 한다.

학년군	담화 자료의 예
1~2	· 일상생활을 소재로 한 간단하면서도 재미있는 이야기 · 일상에서 자신의 감정을 표현하는 간단한 대화 · 자신이나 가족, 친구 등을 소개하는 말 · 사건의 순서가 분명하게 드러나는 이야기 · 가정이나 학교에서 주고받는 인사말 · 말의 재미를 느낄 수 있는 말놀이 자료
3~4	· 학교 등 공공장소에서 접하는 안내의 말 · 일상생활에서 접하는 교훈적이거나 감동적인 이야기 · 인과관계가 분명히 드러나는 이야기 · 친구, 가족이나 친척, 이웃 등과 나누는 대화 · 자신이 조사하거나 친구들과 협의한 내용을 다룬 발표 자료 · 학교, 학급 생활에 관련된 회의 자료
5~6	· 사회적으로 의미가 있는 사건을 다룬 뉴스 · 존경하거나 만나고 싶은 대상을 면담한 자료 · 설득의 방식이 잘 나타난 광고, 연설 · 일상생활이나 시사적 쟁점을 논제로 한 토의, 토론 · 사진, 그림, 도표, 동영상 등이 효과적으로 구성되어 있는 발표 자료 · 가족, 친구, 선생님, 주변 사람들 등과의 일상 대화 · 인터넷 게시판, 블로그 등에서 이루어지는 친구들 간의 온라인 대화

■ 〈표〉에서 소개한 바와 같이 학교문법에서 담화 교육 내용으로 선정한

담화의 유형과 자료는 매우 다양하다. 이와 같은 자료는 한국어를 외국어로 배우는 교수·학습 현장에서도 활용할 수 있다.

? 다음 대화의 특징과 차이를 분석해 보자.

A:시험이 여섯 개야? B:어.. A:뭐? 언제보는데.. B:장난아니지.. 이주동안... 계속봐.. 띠엄... 　　띠엄 A:진짜? B:그래서 그냥 다 벼락치기 할라구 A:벼락치기? B:응...	A:(전화걸기) B:고객과 함께하는 ○○은행입니다 B:고객님과 함께 뛰고 함께 웃는 　　○○은행입니다 B:청운동입니다 B:안녕하십니까? 　　○○백화점 본점입니다
    분석	 분석

? 다음에 제시하는 담화는 시와 번역 담화이다. 두 담화에서 나타나는
특징과 차이를 분석해 보자.

소매 자락 마주 잡고 살갑게 포옹하며 고운 소리 발 맞추듯 싱그러운 그대 얼굴	Taking hold of the cuffs Embracing tenderly Like keeping in pace with the gentle sounds Your fresh face
소곤대는 그대 입술 닿을 듯 닿을 듯 사르르 입 맞추며 포르르 향기를 뿜어내는 달콤한 그대 입술	Your whispering lips Almost to touch almost to touch Softly touching lips Exuding an intoxicating scent Your sweet lips
얼굴만 보아도 기쁘고 냄새만 맡아도 행복한	A joy just seeing your face A bliss just smelling your scent
그대 이름은 장미 〈신현숙 : 장미〉	Your name is Rose 〈번역 : 유소정〉

분석   분석

제4부

한국어
문법 정보의 활용

10장

매체 언어와 문법

01. 매체와 언어

◆ 정보화 시대, 세계화 시대가 되면서 의사소통 방법도 다양해지고 의사소통에 기여하는 매체 媒體 *medium*도 다양해지고 있다. 그 과정에서 매체 언어에 대한 관심과 매체 언어 교육에 대한 관심도 높아지고 있다. 예를 들면 교수 · 학습 방법으로 매체를 활용하던 언어 교육 현장이 최근에는 매체 언어를 교수 · 학습 내용으로 구성하고 있다.

◆ 〈표준국어대사전〉에 따르면 매체는 '어떤 작용을 한쪽에서 다른 쪽으로 전달하는 물체. 또는 그런 수단.'이다. 따라서 매체 언어는 의사소통을 목표로 하는 매체에서 사용하는 언어이다.

◆ 최근에는 의사소통을 위하여 다양한 매체를 개발하여 활용하고 있다. 뿐만 아니라 모든 매체는 계속해서 진화하고 있고 그 속도 또한 짐작하기 어려울 정도로 빠르다. 과거에는 특정 매체를 중심으로 한 매체 언어가 오랜 시간을 거쳐 생성/확산/변화를 겪으면서 자리를 잡았으나, 최근에는 매체 변화 및 진화 속도가 빨라 매체 언어도 빠른 속도로 생성/변화/소멸하고 있다.

◆ 의사소통을 목표로 하는 매체로는 인쇄 매체, 음향 매체, 영상 매체, 통신 매체 등이 있다. 최근에는 인쇄 매체와 영상 매체를 융합한 매체, 영상과 통신을 융합한 매체 등 매체와 매체를 융합한 복합기가 개발되어 매체 사이의 경계가 없어지고 있다. 이에 따라 매체와 매체 언어 사이의 경계도 점차 사라지고 있다. 대표적인 예로는 전자책 *eBook*, 전자신문 *eNews*, 스마트폰 *smart phone*, 유튜브 *youtube*, 인터넷 뉴스 *internet news* 등을 들 수 있다. 이

와 같은 매체와 기기 器機는 문자, 음향, 영상, 통신 매체의 특성을 두루 활용하는 특징이 있다. 따라서 언어 사용자 또한 자유롭고 원활한 의사소통을 위하여 다양한 매체와 매체 언어에 대한 정보와 이해가 필요하다.

◆ 새로운 유형의 매체와 기기가 개발되면서 이를 활용한 매체 언어 범주도 생성된다. 따라서 한국어에서 매체 언어가 차지하는 비중도 높아지고, 매체 언어를 활용하는 언어 사용자도 많아지고 있다. 그 결과 언어 사용자가 어떤 매체와 매체 언어를 사용하느냐에 따라 의사소통 방법과 내용도 달라진다. 한 예로 얼굴을 마주 보며 대화를 하는 방법도 다양하다. 직접 만나서 이야기를 나눌 수도 있고, 전 세계를 무대로 스마트폰이나 인터넷 영상 전화로 영상 통화를 하면서 이야기를 나눌 수도 있다. 신문이나 책도 영상으로 읽을 수 있고, 현장이나 상황을 생생하게 표현하는 음향을 직접 경험할 수 있다. 따라서 언어 사용자도 자유로운 의사소통을 위하여 다양한 매체 언어의 특징과 함께 다양한 매체 언어를 활용할 수 있는 정보가 필요하다.

◆ 매체를 통한 의사소통은 언어 사용자들이 자신의 생각과 느낌, 정보와 지식을 간접적으로 전달하고 서로 공유하는 방식으로, 얼굴을 마주 보며 대화하는 직접적인 의사소통과는 다르다. 예를 들어 라디오와 같은 음향 매체는 소리에서 전달되는 느낌이나 분위기가 중요하고, 텔레비전과 같은 영상 매체는 영상에서 전달되는 정보나 느낌이 문자나 소리에서 전달되는 정보보다 중요하다. 또한 발화자 또는 정보 생산자는 자신의 목적과 의도에 따라 다양한 방식으로 정보를 조직화한다. 따라서 매체의 특성과 그에 따른 의사소통 양상의 특성을 올바르게 이해하는 것이 필요하다.

02. 매체 언어 교육

◆ 2012년 고시된 국어과 교육과정에서는 초등학교 3~4학년군(듣기·말하기)부터 매체 언어에 대한 내용 성취 기준을 제시하고 있다.

> **다양한 매체를 보거나 듣고 생각과 느낌을 나눈다.**
>
> 현대 생활에서는 직접 대화하는 시간보다 여러 매체를 보고 듣는 시간이 더 많아지는 경향이 있다. 일상생활에서 자주 접하는 텔레비전, 인터넷, 휴대 전화 등 다양한 소통 매체를 접하면서 갖는 생각과 느낌을 나누면서 매체를 효율적으로 이용하고, 절제하는 마음과 비판적 태도를 가지면서 이용하도록 지도한다. 특정 매체에 대한 선호와 중독 증상 등의 문제점을 짚어 보고, 다양한 매체에 드러나는 내용에 대해 각자의 생각과 느낌을 나누면서 바람직한 매체 이용 태도를 형성하도록 한다. 또한 공통으로 이용하는 매체에 나타난 내용을 서로 나누면서 서로의 생각과 느낌이 다를 수 있다는 것을 인식하고, 때로는 상대방의 다름을 인정하면서 동시에 상대방과 공감하는 즐거움을 경험하도록 한다.

◆ 〈표〉에 따르면 매체 언어는 매체를 통하여 전하는 내용이다. 한편 매체 언어 교육에서는 매체 언어를 어떻게 이해하고, 해석하고, 분석하고, 활용하고, 비판하느냐에 초점을 두고 있다. 이와 함께 매체 이용 자세와 매체에서의 바람직한 의사소통 방식을 강조하고 있다. 과거 주요 매체인 신문, 책, 라디오, 텔레비전 등이 정보 생산자와 수용자의 구분이 명확하고 의사소통이 일방향으로 이루어진 것과는 달리 인터넷, 소셜 미디어 등 현재의 매체는 정보 생산자와 수용자의 구분이 명확하지 않고 의사소통 역시 다방향으로 이루어진다. 이런 점에서 학생들에게 매체 언어 수용뿐만 아니라 생산 면에서도 책임감과 윤리 의식을 갖도록 교수·학습하는 것이 필요하다.

◆ 2012년 고시된 국어과 교육과정에서는 초등학교 3~4학년군(쓰기)에도

매체 언어에 대한 내용 성취 기준을 제시하고 있다.

> **다양한 매체를 활용하여 생각과 느낌을 효과적으로 표현한다.**
>
> 정보화 사회에서는 다양한 매체를 활용하여 자신의 생각과 느낌을 글로 구성할 수 있는 능력이 필요하다. 컴퓨터를 사용하여 글을 쓰고 편집하는 능력을 길러 효율적으로 쓸 수 있도록 한다. 이때 문자와 함께 그림이나 사진, 표, 동영상 등을 사용하여 독자에게 글의 내용을 쉽게 전달하여 그 의미가 잘 소통될 수 있도록 지도한다. 이는 단순히 컴퓨터 활용 기능을 익히려는 목적이 아니라, 학생들이 앞으로 쓰기의 목적, 주제, 독자 등 상황에 맞게 매체를 적절히 사용하여 글을 쓸 수 있는 능력을 갖추도록 하기 위한 것이다. 그러나 실제 교육 현장에서는 자신의 생각과 느낌을 표현하기 위하여 매체 언어를 어떻게 활용할 것인가에 대한 노력 또한 필요하다.

◆ 〈표〉에 따르면 매체 언어 교육에서는 매체와 매체 언어를 활용하여 자신의 생각과 느낌을 글로 구성하는 데 초점을 두고 있다. 언어 사용자는 자신의 생각과 느낌을 글로 구성할 때 어떤 매체에서 어떤 방식으로 표현할 것인지를 고려해야 한다. 이 과정에서 매체 활용과 매체 언어 활용 교육이 조화롭게 이루어지는 것이 필요하다.

◆ 2012년 고시된 중학교 국어과 교육과정에서도 매체 언어의 내용 성취 기준을 듣기, 말하기, 읽기, 쓰기 영역에서 제시하고 있다. 그 내용을 정리하면 다음과 같다.

> · 사회적으로 의미가 있는 내용을 매체 자료로 구성하여 발표한다.
> · 글이나 매체에 제시된 다양한 자료의 효과와 적절성을 평가하며 읽는다.
> · 영상 언어의 특성을 살려 영상으로 이야기를 구성한다.
> · 매체의 특성이 쓰기의 내용과 형식에 미치는 영향을 고려하여 글을 효과적으로 쓴다.

◆ 2012년 고시된 고등학교 국어과 교육과정의 내용 체계에서는 화법과 독서 영역에서 매체를 제시하고 있다.

화법	발표와 토론의 이해	비판적 듣기와 평가	매체 자료의 활용
독서	독서 문화의 이해	독서와 문제 해결	매체 자료의 분석과 비판적 태도
작문	작문 맥락의 이해	정보의 조직과 논거의 이해	매체의 특성과 글쓰기의 원리
문법	문장과 담화의 이해	국어의 변천과 발전 방향	한글의 가치와 국어 사랑
문학	한국 문학의 전승과 흐름	문학의 효용과 문학 활동	문학 활동과 비평적 태도

03. 매체 유형과 매체 언어

◆ 매체에 따라 언어형식과 표현 방법이 달라진다. 각 매체의 표현 방식과 그 특징을 정리하면 다음과 같다.

매체	표현 방식	특징
인쇄 매체	· 문자언어로 표현 · 완결된 문장 형식을 사용함	· 오랜 세월 변함없이 활용하는 매체 · 필자의 의도, 목적 등을 반영함 · 독자는 상상을 통하여 의미를 해석함
음향 매체	· 다양한 소리, 음성언어로 표현 · 이야기, 대화 형식을 사용함	· 음향기기, 공간, 시간 제약을 받는 매체 · 상황과 분위기가 의미 해석에 영향을 줌
영상 매체	· 제작자의 의도, 목적 등을 표현 · 영상, 음향, 문자, 음악, 인물 등을 유기적으로 활용함	· 생생한 느낌을 전달할 수 있는 매체 · 제작자의 의도, 목적 등이 개입됨 · 많은 정보를 시청각적으로 제공함
디지털 통신 매체	· 문자, 소리, 영상 등을 융합 · 문자언어와 음성언어의 특성을 융합 · 언어와 비언어적 표현을 융합	· 사용자 스스로 정보를 생성, 해석, 전달, 공유할 수 있는 매체 · 정보가 가장 빠르고 폭넓게 전달되는 매체

◆ 현대 사회에서는 사용자가 다양한 정보를 디지털화하여 상호 통신하는 매체가 본격적으로 활성화되고 있다. 특히 최근에는 무료 동영상 공유 사이트인 유튜브를 통해서 지구촌 전체가 음악과 영상을 함께 공유하게 됨으로써 매체 언어에 대한 중요성이 더욱 두드러지고 있다.

◆ 이 밖에도 간판 매체, 광고 매체 등과 같은 유형의 매체도 있다. 최근 한국어사회에서는 간판 매체와 광고 매체의 중요성이 두드러지게 나타나고 있다. 이에 따라 간판 매체와 광고 매체에 대한 연구도 여러 편 발표되었다 (신현숙:2009, 신현숙·박건숙:2010).

◆ 인쇄 매체는 오랜 세월동안 인류가 활용한 매체로 인류의 많은 문화유산이 인쇄 매체 형태로 남아 있다. 인쇄 매체는 문자언어를 중심으로 한 완결된 문장 형식을 주로 사용하는데, 이러한 표현 방식은 오늘날 책, 신문, 잡지 등의 인쇄 매체에도 그대로 적용된다. 문자언어는 그 자체가 추상적 상징이기 때문에 독자는 상상을 통해서 의미를 이해한다.

◆ 음향 매체는 다양한 소리나 음성언어로 표현하는데, 특히 음색이나 어조가 상황이나 분위기를 이해하는 데 중요하다. 음향 매체에서는 실제로 말하는 것과 같은 구어적 표현을 주로 사용한다.

◆ 영상 매체는 언어의 상징적 표현 방식을 넘어서서 대상의 느낌을 시청각적으로 생생하게 전달한다. 영상과 함께 음향, 문자, 인물 등 다양한 표현 방식이 유기적으로 결합하여 짧은 시간 내에 많은 정보를 동시에 전달한다.

◆ 디지털 통신 매체는 문자, 소리, 영상이 복합적으로 구성되는데, 특히 문자언어와 음성언어를 융합하여 표현한다. 문자언어와 음성언어는 오랫동안 그 특성이 명확하게 구분되었다. 따라서 사용 영역과 기능 역시 명확하여 신문의 보도문은 문어적으로 표현되고 TV뉴스의 보도문은 구어적으로 표현된다. 그러나 디지털 통신 매체의 언어 표현은 문자메시지, 전자우편, SNS 등을 통해서 생산되는 메시지가 문자언어임에도 불구하고 음성언어의 특성-소리나는 대로 적기, 축약 및 생략, 비종결형 문장 등이 함께 나타난

다. 한편 언어가 아닌 시각적 기호를 이용하여 기분, 느낌, 분위기 등을 표현한다.

◆ 디지털 통신 매체는 의사소통이 양방향으로 이루어지며 화자/생산자와 청자/수용자의 구분이 명확하지 않고 그 수도 제한이 없다. 또한 청자/수용자가 스스로 정보를 선택하거나 재구성할 수 있다. 이러한 매체의 특성을 고려하여 화자/생산자는 정보 생산 및 유통에 윤리 의식과 책임감을 갖고, 청자/수용자는 비판적이고 균형 있는 태도를 갖는 것이 필요하다.

◆ 디지털 통신 매체 언어는 언어형식 및 규범 파괴와 비표준적 언어 표현의 확대로 의사소통에 장애가 된다는 점에서는 문제가 있다. 그러나 문자언어에 구술성을 더하여 생동감과 친근감을 높이고 축약 및 생략으로 생산성을 높인다는 점에서는 디지털 시대의 새로운 언어 표현 양식으로 평가된다. 디지털 통신 매체 언어의 양상은 다음과 같다.

음운/표기	소리 나는 대로 적기	좋아 → 조아/ 많이 → 마니/ 싫어 → 시러
	줄여 적기	반가워요 → 방가
	음소 바꾸기, 더하기	뭐냐? → 모냐?/ 알지 → 알쥐/ 슬퍼 → 슬포
어휘	상징어 사용하기	움냐햐~/ 헤헤/ 으쓱으쓱/ 삐질삐질
	비속어 사용하기	X나, 쉬X, 님X
	은어 사용하기	안구의 습기 → 안습, 추천하지 않음 → 비추, 게시물을 유지하기 위한 본문과 상관없는 그림 → 짤림 방지
통사	문장 줄이기, 생략하기	어디에 사는가요? → 어디 사는?/ 열심히 공부해 → 열공/ 죄송합니다 → ㅈㅅ/ 어서 오세요 → 어솨요/ 내용 없음 → 냉무

통사	종결 어미 바꾸기	갈 것임 → 갈꺼셈/ 하고 있음 → 하고 있삼/ 소중함 → 소중하심
	이모티콘	T_T/ --; / *^.^*/ @.@/ OTL

❓ 다음 자료는 신문 매체에서 뽑은 제목이다. 어떤 특징이 있는지 살펴
보면서 신문 매체 언어의 특징을 정리해 보자.

· 강원 동해안 '엎친데 덮친 격'…122cm 폭설에 '한파'까지
· 동해안 1m 넘는 폭설 화물열차 · 바다열차 운행 중단
· 동해안 눈폭탄…일선학교 단축 수업
· "치워도 치워도 소용없어요"…폭설에 또 폭설
· 122cm 폭설 동해안 '마비'…고립 · 휴업 피해 '눈덩이'

❓ 다음 자료는 인터넷 학급 게시판에 올린 글이다. 두 글을 대상으로 어떤 차이점이 있으며 그 이유는 무엇인지 논의해 보자.

안녕? 난 ○○○야. 같은 반이 되어서 무척 반갑구나. 새 학기가 된지 얼마 되지 않아서 아직 낯설지만 함께 노력하면 금방 친해질 수 있을거야. 우리 함께 노력하자. 모두들 즐겁고 행복한 1년이 되었으면 좋겠다.	얘들아^^ 안뇽? 난 ○○○야. 모두들 같은 반이 되어서 정말 반갑당^0^ ㅠㅠ우리 반인데도 이름도 잘 모르는 친구들이 있는데 정말 미안해.T_T 빨리 친해질 수 있도록 노력할께, 너희도 그럴거징? 〉_〈ㅋㅋ 문자쪽지 모두 환영이야♡ 모두들 1년동안 행복해씀 조캐타 *^^*

❓ 자신이 자주 사용하는 매체 언어의 표현 방법과 특징을 정리해 보자.

매체 언어	표현 방법	특징

통일 시대와 한국어

01. 표준어와 문화어

◆ 통일 시대를 맞이하여 남한의 표준어와 북한의 문화어에 대한 정보를 공유한다는 것은 큰 의미가 있다. 표준어와 문화어는 현재 다음과 같이 정의되고 있다.

> · 한국의 표준어 : 교양 있는 사람들이 두루 쓰는 현대 서울말
> · 북한의 문화어 : 사회주의 건설 시기 주권을 잡은 로동 계급의 당의 령도 밑에 혁명의 수도를 중심지로 하고 수도의 말을 기본으로 하여 이루어지는, 로동 계급의 지향성과 생활 감정에 맞게 혁명적으로 세련되고 아름답게 꾸며진 언어

◆ 표준어와 문화어의 차이는 지리적인 요인보다는 남북한 정책 차이에서 그 원인을 찾을 수 있다. 남북한 언어 정책은 다음과 같이 정리할 수 있다.

남한	북한
특정 이념의 입장에서 국어의 변화를 이끌거나 국민의 언어생활을 인위적으로 바꾸는 일을 하지 않음	'민족 독립'과 '주체사상 확립'의 도구로 사용될 민족어를 육성하는 데 목적을 두고 정책을 시행하고, '문화어 사업'을 전개

◆ 표준어와 문화어의 차이는 다음과 같이 지역적 차이와 이념적 차이로 나누어 볼 수 있다.

차이점	남한 표준어	북한 문화어
지역적 차이	서울말 중심	평양말 중심
이념적 차이	개인의 언어생활을 존중하고 개방적인 언어사회를 구축함	사회주의 혁명 무기로 언어를 사용하고 폐쇄적인 언어사회를 구축함

◆ 북한이 언어 순화 곧 말 다듬기 운동과 문화어 운동을 전개하는 과정에서 남한의 표준어와 북한의 문화어의 차이가 더욱 두드러졌다. 북한의 어휘 정리 사업 내용을 요약하면 다음과 같다.

어휘 정리 사업 내용	보기
· 같은 뜻의 단어로 고유어와 한자어가 있을 때에는 고유어를 쓰기로 함	석교 石橋 ⇒ 돌다리 채소 菜蔬 ⇒ 남새 계란 鷄卵 ⇒ 닭알
· 한자어와 외래어 사용을 제한하고 굳어진 것만을 쓰기로 함	방, 학교, 과학기술
· 고유어근에 따라 새말을 적극 만들어 쓰는 방향으로 말을 다듬기로 함	재연 再演 ⇒ 되일기 순환 循環 ⇒ 되돌림 소생 蘇生 ⇒ 되살다
· 인민들 속에 널리 쓰이는 좋은 말을 찾아 쓰기로 함	입성(옷), 정지(부엌)

◆ 표준어와 문화어의 차이는 고유어, 한자어, 외래어 범주에서 두루 찾을 수 있다. 외래어의 경우 남한은 영어를 중심으로 하는 반면 북한은 러시아어를 중심으로 생성하고 활용한다.

남한	북한	남한	북한
위	우	지긋한	지숙한
아내	안해	구름다리	허궁다리
한솥밥	한가마밥	단짝친구	딱친구
화장실	위생실	저서	로작
상호	호상	공무원	정무원
보증하다	담보하다	수업시간	상학시간
마이너스	미누스	노크	손기척
라디오	라지오	파마	볶음 머리
리본	리봉	카스텔라	설기과자

02. 남북한 어문 정책

◆ 남한의 언어 정책은 〈어문 규정〉에서 알 수 있고, 북한의 언어 정책은
〈조선말 규범집〉에서 알 수 있다. 〈어문 규정〉과 〈조선말 규범집〉의 내용은
다음과 같이 정리할 수 있다.

남한	· 한글 맞춤법, 표준어 규정, 외래어 표기법, 국어의 로마자 표기법으로 『한국 어문 규정집』에 규정하고 있다(띄어쓰기는 한글 맞춤법에 포함되어 있다). · 1933년에 제정된 한글맞춤법 통일안이 1948년 정부 수립 후 국가의 공인된 맞춤법으로 계속 사용하여 오다가 1988년 1월 19일 새로운 한글 맞춤법을 고시하여 현재 사용하고 있다.
북한	· 맞춤법, 띄어쓰기, 문장부호법, 표준발음법으로 『조선말 규범집』에 규정하고 있다. · 1954년 9월에 조선어 철자법을 공포하여 사용하다가 다시 1966년 7월에 조선말규범집을 공포하여 대폭적인 변화를 가져 왔고 1987년에 이를 다시 개정하여 현재 사용하고 있다.

⇒ 남북한 언어의 차이는 언어 규범의 차이라고 할 수 있다.

◆ 남북한 맞춤법 원칙을 정리하면 다음과 같다.

남한	제1항 한글 맞춤법은 표준어를 소리대로 적되, 어법에 맞도록 함을 원칙으로 한다. 제2항 문장의 각 단어는 띄어 씀을 원칙으로 한다. 제3항 외래어는 '외래어 표기법'에 따라 적는다. 〈어문 규정〉
북한	단어에서 뜻을 가지는 매개 부분을 언제나 같게 적는 원칙을 기본으로 하면서 일부 경우 소리나는 대로 적거나 관습을 따르는 것을 허용한다. 〈조선말 규범집〉

◆ 남북한에서 규정하는 자모 순서와 이름도 차이가 있다. 이와 같은 순서는 사전 배열 순서에도 영향을 준다.

자음 순서	남한	ㄱ ㄲ ㄴ ㄷ ㄸ ㄹ ㅁ ㅂ ㅃ ㅅ ㅆ ㅇ ㅈ ㅉ ㅊ ㅋ ㅌ ㅍ ㅎ
	북한	ㄱ ㄴ ㄷ ㄹ ㅁ ㅂ ㅅ (ㅇ) ㅈ ㅊ ㅋ ㅌ ㅍ ㅎ ㄲ ㄸ ㅃ ㅆ ㅉ
모음 순서	남한	ㅏ ㅐ ㅑ ㅒ ㅓ ㅔ ㅕ ㅖ ㅗ ㅘ ㅙ ㅚ ㅛ ㅜ ㅝ ㅞ ㅟ ㅠ ㅡ ㅢ ㅣ
	북한	ㅏ ㅑ ㅓ ㅕ ㅗ ㅛ ㅜ ㅠ ㅡ ㅣ ㅐ ㅒ ㅔ ㅖ ㅚ ㅟ ㅢ ㅘ ㅝ ㅙ ㅞ
자모 이름	남한	기역 其役, 디귿 池末, 시옷 時衣을 다른 이름으로 정함
	북한	· 자모의 이름을 기윽, 니은, 디은, …시읏, … 등으로 통일 · 자음 자에 한해 그, 느, 드, …식의 이름을 허용함 · 겹자음은 된기윽, 된디은, 된시읏 등으로 바꾸었음

◆ 남북한 표기법의 차이는 언어형식뿐만 아니라 문법 요소의 차이로 나타난다. 예를 들면 다음과 같은 자료가 이에 속한다.

◆ 의문형 어미 : 남한은 소리 나는 대로 적고 북한은 기원적 형태를 유지하여 적는다.

남한	북한
-ㄹ까, -ㄹ꼬, -ㄹ쏘냐	-ㄹ가, -ㄹ고, -ㄹ소냐

◆ 남한에서는 언어사회의 변화를 인정하지만 북한에서는 모음조화를 적용한다.

남한	북한
반가워	반가와
괴로워	괴로와
고와	고와
도와	도와

◆ 북한에서는 어간의 끝소리가 'ㅣ, ㅐ, ㅔ, ㅚ, ㅢ' 등 'ㅣ' 모음이 들어간 경우와 어간이 '하-'인 경우에는 어미 '-어'를 '-여'로 적는다.

남한	북한
구태어	구태여
도리어	도리여
드디어	드디여
헤엄	헤염
하여	하여

◆ 남한에서는 고유어가 들어 있는 복합어로서 앞말이 모음으로 끝나면 사잇소리 'ㅅ'을 앞말에 받쳐 적도록 하고 일부 한자어 (곳간, 셋방, 숫자, 찻간, 툇간, 횟수)의 경우에만 이에 준하도록 하고 있다. 북한에서는 이와 같은 규칙을 적용하지 않는다.

남한	북한
바닷가	바다가
깃발	기발
냇물	내물
가윗밥	가위밥
쇳돌	쇠돌
숫여우	수여우
잇몸	이몸

◆ 북한에서는 한자어를 표기할 때 어디서나 똑같이 표기한다.

남한	북한
나열하다	라렬하다
낙엽지다	락엽지다
낭송	랑송
영혼	령혼
누누이	루루이
냉수	랭수

◆ 북한에서 모음 'ㅖ'는 '계, 례, 혜, 예'에서만 인정하고, '메, 페'는 '메, 페'로 적는다.

남한	북한
화폐	화페
연몌	련메
계산	계산
예외	례외
혜택	혜택
예술	예술

◆ 북한의 띄어쓰기 규정은 총칙과 6장 23항으로 이루어져 있다.

· 총칙은 남한과 큰 차이가 없음
· 북한의 띄어쓰기는 명사, 수사, 대명사, 동사, 형용사, 관형사, 부사, 감동사 등과 관련된 띄어쓰기 및 헛갈리기 쉬운 것 및 특수한 말의 띄어쓰기 등 6장으로 나누어 설명하고 있다.
· 북한에서는 조사 범주를 품사 또는 단어로 인정하지 않는다. 따라서 조사에 관한 띄어쓰기 조항도 없다.
· 북한은 붙여 써야 할 경우를 넓게 잡아 자세히 규정하고 있다.
· 북한은 띄어쓰기 규정을 1985년과 1988년에 수정하였는데 붙여 쓰던 단위들을 띄어 쓰는 방향으로 조정하였다.

⇒ 남한에서는 1988년 개정안에서 원칙은 띄어 쓰나 붙여 쓰는 것을 허용하여 과거 통일안보다는 붙여 쓰는 것을 좀 더 확대하였다.

남한	북한
과학 기술 중시 사상	과학기술중시사상
조직 사상 생활 규범	조직사상생활규범
무엇보다 먼저	무엇보다먼저
한마음 한뜻으로	한마음한뜻으로
학생 스스로가 깨달았다	학생스스로가 깨달았다
이집 저집, 이 집 저 집	이집저집

◆ 북한에서는 글을 쓸 때 가로쓰기를 원칙으로 정했으므로 거기에 맞는 문장 부호만 명시하고, 남한에서는 가로쓰기와 세로쓰기를 다 고려하여 두 종류의 부호를 규정하고 있다.

◆ 남북한 표준 발음법을 정리하면 다음과 같다.

남한	'표준어의 실제 발음에 따르되, 국어의 전통성과 합리성을 고려하여 정함'이라고 명시함 · 전통성이란 역사적인 발음을 중시한다는 것임 · 합리성이란 국어의 법칙에 맞게 발음을 정한다는 것임
북한	'현대 조선말의 여러 가지 발음들 가운데서 조선말 발달에 맞는 것을 가려잡음'이 기본 원칙으로 되어 있음 · 조선말의 주체적 발전에 맞는 문화어의 발음을 의미함 · 특별히 화술 또는 화법을 따로 두어 매우 중시하는 편임

◆ 남한의 화법과 북한의 화술 교육 내용을 정리하면 다음과 같다.

남한	2012년 고시된 교육과정에 따르면 화법 교육 내용은 고등학교 선택 교육과정 〈화법과 작문〉에서 찾을 수 있다. 화법 교육의 목표는 "다양한 학문과 직업 분야의 담화나 글을 수용하고 생산하는 능력을 함양"하는 데 두고 있다.
북한	〈조선말 화술〉, 〈조선말례절법〉에 따르면 화술 교육의 목표는 "혁명, 정치 선동, 수령에 대한 경의 등을 위한 발표력 신장"에 두고 있다.

◆ 남북한 언어의 동질성을 강조한 학자도 있고, 남북한 언어의 이질성을 강조한 학자도 있다. 그러나 남북한 교류가 다양하게 추진되고 실현되면서 남북한 언어 통일에 대한 관심이 높아지고 있다. 그 과정에서 남북한 언어의 동질성에 초점을 맞추어 학계에서는 남북한 언어의 거리를 좁히려는 노력을 기울이고 있다. 대표적인 예로는 다음과 같은 변화를 들 수 있다.

- 2005년부터 〈겨레말큰사전〉 남북공동편찬사업을 추진하고 있음.
- 방송 매체에서 북한 방송이나 북한에 관한 정보를 제공하는 비중이 높아짐.
- 국립국어원 〈표준국어대사전〉에 북한어 범주를 설정하여 북한어에 대한 정보를 제공함.
- 국립국어원 누리집 남북한 언어사전에서 남북한 언어에 관한 정보를 동시에 제공함.

? 남북한 언어 통일을 위한 방안을 생각해 보자.

1

2

3

4

5

03. 남북한 언어와 교육과정

◆ 남북한 언어 통일에 대한 관심은 2012년 고시된 국어과 교육과정에서도 찾을 수 있다. 고등학교 문법 영역과 국어 자료의 탐구 영역에서 제시한 내용은 다음과 같다.

국 어 Ⅱ	**국어의 변천을 이해하고 국어의 발전 방향을 탐구한다.** 고대, 중세, 근대 국어의 시기를 거치면서 국어가 어떻게 변해 왔는지, 그리고 앞으로 어떻게 변화하고 발전할 것인지 탐구하고 모색해 볼 필요가 있다. 국어 속에 선인들의 사고가 어떻게 반영되어 왔는지 국어의 변천을 통해서 이해하고 바람직한 국어 사용의 방향까지 모색해 보도록 한다. <u>국어의 미래와 관련하여 남북한의 언어 동질화 문제를 다루고 국어의 위상과 발전 방향을 탐구하여 본다.</u>
국 어 자 료 탐 구	**남북한 언어의 차이점을 이해하고 동질성을 회복하는 방안을 탐구한다.** 남북 분단의 시대에 민족 동질성 회복을 위해서 언어는 매우 중요한 역할을 한다. 남북한 언어의 차이점을 파악하고 각각의 특성을 인정하면서도 민족 통일에서 언어의 동질성을 회복하는 것이 얼마나 중요한지 실제 국어 자료를 통해서 살펴보도록 한다. 구체적으로는 남북한 언어가 표기법, 어휘, 문장, 담화 차원에서 차이 나는 것을 탐구하면서 남북한 언어의 동질성 회복 방안을 모색해 보도록 한다.

■ 교육과정을 바탕으로 검인정 교과서에서도 북한 문화어에 대한 정보를 교수 · 학습 내용으로 구성하고 있다.

? 남북한 인사 표현을 조사해 보자.

유형	남한	북한
인사 표현		

? 남북한 화법의 차이를 조사해 보자.

유형	남한	북한
화법		

? 남북한 뉴스를 듣고 언어형식과 표현의 공통점과 차이점을 정리해
보자.

분류	남한	북한
공통점		
차이점		

세계화 시대와 한국어

01. 한국어 세계화

◆ 한국과 한국 문화의 위상이 세계적으로 높아지면서 한국어에 대한 세계인의 관심도 높아지고 있다. 그 결과 지구촌 곳곳에서 한국어를 외국어로 배우는 학습자 수도 급증하고 있고 이에 따라 한국어를 외국어로 가르치는 한국어 교원 수도 급격하게 늘어나고 있다.

◆ 한국어가 세계인의 관심을 받으면서 국내외 한국어 교육기관도 세계 곳곳으로 늘어나고 각 교육기관에서 운영하는 한국어 교육 프로그램도 매우 다양하게 발전되고 있다. 예를 들면 미국 정규 교육과정(초등학교, 중학교, 고등학교)에서 한국어를 외국어 또는 이중 언어로 가르치는 지역도 생기고, 한국어과를 개설한 중국 대학이 급증한 것을 들 수 있다. 아울러 한국 정부 차원에서도 국외 한국어 및 한국문화 보급 대표 브랜드 '세종학당'을 지구촌 곳곳에 120개소(2013년 12월 현재)를 개설하여 운영하는 것도 대표적인 예가 된다. 정규 교육과정에서 제2외국어로 한국어 과목을 채택한 사례는 10여 개 나라 640여 개교로 추정하고 있다.

◆ 국내외에서 한국어를 배우는 학습자의 학습 동기와 학습 목적은 다음과 같이 매우 다양하다.

- 국외로 이주한 재외 동포와 후손
- 국내로 이주한 외국인
- 한국에 관심이 있는 학습자
- 한국 문화에 관심이 있는 학습자

- 한국어에 관심이 있는 학습자
- 취업을 위하여 한국어 정보가 필요한 학습자
- 진학을 위하여 한국어 정보가 필요한 학습자
- 한국어를 연구하기 위하여 한국어 정보가 필요한 학습자

■ 이 밖에도 여행, 사업, 교류를 목적으로 한국어를 학습하는 외국인도 있고, 한국의 영화나 드라마를 보기 위하여 한국어를 배우는 외국인도 있다. 곧 한국어 학습 동기와 목적은 개인마다 다를 정도로 다양하다.

◆ 최근에는 한국어를 연구하는 학자나 한국어를 가르치는 교육자가 되기 위하여 한국어를 배우는 학습자가 많아지고 있다. 따라서 한국어 정보 특히 문법과 문법 교육에 대한 구체적인 정보를 필요로 하는 학습자도 많아지고, 국내외 대학뿐만 아니라 국내외 대학원에서 한국어를 전공하거나 연구하는 외국인 교육자나 학습자를 쉽게 찾을 수 있다.

◆ 이지영(2006:118)에서는 현재 교육 현장에서 다루어지는 한국인을 위한 학교문법과 외국인을 위한 한국어 문법은 구성과 내용 면에서 다음과 같은 차이가 있음을 밝힌 바 있다.

- 한국인을 위한 학교문법: 언어와 국어/ 말소리/ 단어/ 어휘/ 문장/ 의미/ 이야기/ 국어의 규범
- 외국인을 위한 한국어 문법: 한국어의 특징/ 한국어의 문자/ 한국어의 문장/ 한국어의 문법 요소/ 한국어의 단어/ 말의 소리/ 담화

◆ 외국어로 가르치는 한국어 문법과 모국어로 가르치는 한국어 문법이 달

라야 한다는 주장도 있었지만, 최근에는 한국어 학습에 필요한 언어 현상과 규칙 곧 문법 내용은 같아야 한다는 생각으로 모아지고 있다. 학습 동기와 목적에 따라 교수·학습 방법은 달리 적용할 수 있지만 문법의 교수·학습 내용은 같다고 보는 것이다. 한편 한국 사회가 다문화 사회가 되고, 국내에 거주하는 외국 유학생이 많아지면서 '국어'보다는 '한국어'가 더 자연스러운 표현이 되었다. 따라서 이 책에서 논의한 문법과 문법 교육에 관한 정보는 국어 교육과 한국어 교육에 두루 활용할 수 있다. 특히 각 장마다 제시한 국어과 교육과정은 국내외 한국어 문법과 한국어 문법 교육의 교수·학습 내용을 구축하는 기준과 정보로 활용할 수 있다.

02. 한국어 세계화와 교육과정

◆ 한국어 세계화에 대한 관심은 2012년 고시된 국어과 교육과정에서도 찾을 수 있다.

세계 속의 한국어 위상을 이해하고 국어의 발전 방안을 모색한다.

지구촌 시대에 한국어가 차지하고 있는 세계 속의 위상을 확인하면서 국어가 발전하는 방안을 모색해 보도록 한다. 구체적인 통계 자료를 통해서 한국어의 위상을 확인하고, 재외동포와 외국인에 대한 한국어 교육의 중요성을 강조하면서, 우리 말글의 국제화를 모색하도록 한다. 또한 국어 정보화 시대에 문자로서 한글의 가치도 한국어의 가치와 함께 생각해 보도록 한다.

■ 〈표〉에서는 한국어 발전 방안으로 한국어 세계화, 국제화, 정보화를 제시하고 있다.

◆ 한국어 세계화를 주도하는 정부 기관과 그 기관에서 운영하는 프로그램은 다음과 같이 정리할 수 있다.

국립국어원	〈결혼이민자와 함께 하는 한국어 1-6〉, 〈이주노동자를 위한 아자아자 한국어 1, 2〉, 〈다문화 유아를 위한 방문학습지 1, 2, 3 단계〉, 〈새터민 발음 교육〉 등 한국어 교재 개발과 온라인 강의 프로그램을 운영하고 있다.
세종학당재단	〈세종한국어 1-4 (설명 언어：한국어 영어 중국어 베트남어 타이어)〉 등과 같은 교재 개발과 함께 120여개소 세종학당을 개설하여 운영하고 있다.
국제교육진흥원	재외동포 국내 초청교육, 교과서 · 교재보급, 재외 한국학교 교사 연수 등과 같은 프로그램을 운영하고 있다.

| 국제교류재단 | 한국학 관련하여 강좌운영 KF글로벌e–스쿨, 한국학 교수직 설치 및 지원, 한국어펠로십 등 프로그램을 운영하고 있다. |

■ 이 밖에도 재외동포재단, 노동부, 여성가족부, 다문화센터에서도 한국어 교재 개발이나 한국어 교육 프로그램 등을 개설하여 운영하고 있다. 국외에서는 정부 차원에서 운영하거나 지원하는 한국교육원, 한국문화원, 한국문화학교, 한국학교, 학회 등이 한국어 세계화에 참여하고 있다.

◆ 한국어 세계화를 주도하는 대표적인 기관으로는 국내외 대학에서 운영하는 정규 대학 과정과 대학원 과정이 있다. 세계적으로 미국, 일본 등은 물론 독일, 폴란드, 프랑스, 체코 등 318개 대학에서 한국어 프로그램을 운영하고 있다. 최근 국내외 대학과 대학원에서 한국어 또는 한국학 전공을 개설하는 대학원이 급증하고 있는데, 이 프로그램에 참여하는 학습자와 교육자의 모국어와 국적은 매우 다양하다. 교육 현장을 고려하면 '국어'보다는 '한국어'가 적절하고 '국어 문법'보다는 '한국어 문법'이 더 적절하다. 뿐만 아니라 지구촌 또는 국제사회 속에서도 '한국어 문법', '한국어 문법 교육' 등으로 명명하는 것이 보다 객관적이다. 아울러 국내외 대학에서 다양한 이름으로 부르고 있는 한국어 교육기관도 한국어 세계화에 크게 기여하고 있다. 예를 들면 연세대학교 한국어학당, 서울대학교 언어교육원, 고려대학교 국제어학원 등과 같은 언어교육기관이 있다. 이 밖에도 국내외 회사에서 운영하는 한국어 교육 프로그램이나 개인이 운영하는 학원 등도 한국어 세계화에 기여하고 있다.

? 앞으로 한국어 세계화에 필요한 교재 개발이나 교육 프로그램을 제 안해 보자.

분류	제안
교재 개발	
교육 프로그램	

03. 한국어 세계화의 역사적 흐름

◆ 이 절은 신현숙 외(2012:34-37)에서 논의한 내용을 바탕으로 논의한다.

◆ 외국어 사용자에게 한국어를 가르친 정확한 시기는 모르지만, 〈속일본기 續日本記〉에 따르면 신라 성덕왕 聖德王 때에도 한국어 교육이 이루어졌음을 알 수 있다.

乙未 令美濃·武藏二國少年 每國二十人習新羅語 爲征新羅也

◆ 송나라 손목 孫穆이 지은 역어집 譯語集 〈계림유사 鷄林類事〉와 명나라의 역관 교재로 쓰인 중국어와 국어의 대역 對譯 어휘집 〈조선관역어 朝鮮館譯語〉를 살펴보면 외국어 사용자를 대상으로 한 한국어 교육은 중국 송대와 명대에도 활발하게 이루어졌음을 알 수 있다.

◆ 근대 또는 현대 개념의 한국어 교육은 조선 말기 일본에서 통역사를 양성하기 위하여 1872년 한어사 韓語司에서 실시한 일본어 사용자를 위한 한국어 교육을 꼽을 수 있다. 이때에는 〈교린수지 交隣需知〉〈인어대방 隣語大方〉을 조선어 학습서로 사용하였다. 그 뒤 1880년 일본 토쿄 외국어학교에 조선어학과가 설치되었다가 1911년 폐과되고, 1921년 오사카 외국어학교에 다시 조선어학과가 설치되면서 일본어 사용자를 위한 한국어 교육은 본격화되었다.

◆ 러시아에서는 1897년에 상트페테르부르크대학교 *Sankt Peterburg Universitet*

에서 한국어를 가르치기 시작하였고 1899년에는 블라디보스토크의 동양대학교 *Oriental Institute*에서 한국어를 가르치기 시작하였다. 특히, 1917년 10월 혁명 이후에는 이중 언어 교육이 실시되어 소련에 살고 있는 한국동포들이 한국어를 배울 수 있었는데, 이와 같은 이중 언어 교육은 1937년 스탈린이 민족어 교육을 금지할 때까지 계속되었다.

◆ 1900년대 초부터 해외 이민이 시작되면서, 1930년대 유럽에서는 핀란드 헬싱키대학교 *Helsinki University*를 시작으로, 1949년 영국 런던대학교 동양아프리카대학 *SOAS*, 1950년 체코의 카렐대학교 *Charles University* 등 유럽 주요 대학에서도 한국어를 가르치기 시작하였다.

◆ 미국에서는 1934년 컬럼비아대학교 *Columbia University*, 1941년 국방외국어대학교 *DLI*, 1946년 하와이대학교 *University of Hawaii*, 1952년 하버드대학교 *Harvard University*에서 한국어 교육을 시작하였다.

◆ 중국에서는 1946년 북경대학교 *Peking University*에 처음으로 한국어과가 설립되었고, 대만에서는 1956년부터 한국어 교육이 시작되어 각종 문법서, 회화서, 읽기 교재 등이 편찬되었다. 중앙아시아와 동남아시아에서는 최근 10여 년 동안 매우 왕성하게 한국어 교육이 성장 발전하고 있는데, 예를 들면 1980년대 중반부터 90년대 중반에 걸쳐 베트남, 태국, 말레이시아, 인도네시아의 여러 대학교에서 한국어를 가르치기 시작하였다.

◆ 국내 한국어 교육은 1950년대 외국인 선교사를 대상으로 출발하였으며, 최초의 한국어 교육기관으로는 1959년에 문을 연 연세대학교 한국어학당 *Yonsei University Korean Language Institute*을 들 수 있다. 그 후 1964년에는 명도원 *Myongdo Language Institute*, 1969년에는 서울대학교 어학연구소

Language Research Institute, Seoul National University, 재외국민교육원 (현 국립국제교육원 *National Institute for International Education*), 1972년에는 언어교육학원에서도 외국어 사용자에게 한국어를 가르치기 시작하였다. 이와 같은 한국어 교육기관의 증가는 1977년 재외국민교육에 관한 규정이 시행되면서 국외에서도 한국학교나 한글학교의 수가 점차 증가된다.

◆ 이와 같은 한국어 교육의 성장은 1986년 아시안 게임, 1988년 서울올림픽을 성공적으로 개최하면서, 1980년대 말부터 2014년 현재까지 그 규모가 지속적으로 확장되고 있다. 그 결과 한국어 국외 보급 및 세계화를 위한 다양한 사업이 추진되고 세종학당재단은 2015년까지 세종학당 500여 개소를 개설하여 운영할 예정이다.

◆ 한국어 세계화 사업과 함께 한국어 정보화 사업 '21세기 세종계획 (1998~2007)'도 추진되었는데 그 결과는 한국어 연구와 한국어 정보를 구축하는 데 크게 기여하였다. 뿐만 아니라 한국어 세계화 사업과 한국어 정보화 사업을 하는 데도 폭넓고 깊이 있는 정보를 제공하였다.

기초언어자료 베이스구축	전자사전구축	한민족 언어정보화	표준화
현대국어 말뭉치	기본어휘사전구축	대역사전구축	언어정보통합네트
재외동포 / 방언 말뭉치	전문용어사전구축	남북한 언어비교사전구축	기호부호계의 표준화
옛문헌 말뭉치	개념사전구축	한국어 교육 프로그램 개발	비표준문자등록 및 표준화
말뭉치 구축 / 보수도구개발	연어사전구축	국외 한국어 교육지원	태그세트 표준화

◆ 외국인 학습자와 재외동포를 대상으로 하던 한국어 교육은 국내에 유입된 이주 노동자와 결혼이주여성 나아가 다문화 가정의 유아 및 청소년으로 그 대상과 범위가 확대되고 있다. 한국 사회는 2000년 이후부터 결혼/유학/취업 등 다양한 목적으로 거주하는 외국인이 급격히 증가하면서 2013년에는 약 144만 명으로 우리나라 전체 인구 대비 2.8%에 이른다. 이러한 변화 속에서 한국어 교육은 언어 교육을 넘어서 한국 사회 적응력 향상과 사회 통합 기능을 함께 수행하고 있다.

[?] 외국어 사용자가 한국어를 외국어로 학습할 때 어려워하는 언어 현상이나 규칙을 조사해 보자.

현상 또는 규칙	왜 어렵다고 생각하는가?

[?] 한국어 사용자가 한국어를 모국어로 학습할 때 어려워하는 언어 현상이나 규칙을 조사해 보자.

현상 또는 규칙	왜 어렵다고 생각하는가?

참고문헌

교육과학기술부 고시 제2012-14호 [별책 5]. 2012. **국어과 교육과정**. 교육과학기술부.

국립국어원. 2000. **표준국어대사전**. 국립국어원 누리집.

국립국어원. 2002. **표준국어대사전 연구 분석**. 국립국어원.

김광해. 1997. **국어지식 교육론**. 서울대학교 출판부.

김석득. 1992. **우리말 형태론**. 탑출판사.

김영배 · 신현숙. 1987. **현대한국어문법-통사 현상과 그 규칙-**. 한신문화사.

신현숙 외. 2012. **한국어 특강 2 한국어와 한국어 교육**. 푸른사상.

신현숙. 1981. 한국어 문장의 구성 성분. **선청어문 제11, 12합집**. 서울사대 국어과.

신현숙. 1982. 목적격 표지 /-를/의 의미연구. **언어 7-1**. 한국언어학회.

신현숙. 2009. 간판 매체 언어의 사회 · 문화 특징. **국어교육 130**. 한국어교육학회.

신현숙 · 김영란. 2012. **한국어 특강 1 의미와 의미 분석**. 푸른사상.

신현숙 · 박건숙. 2010. 매체 환경에 따른 언어 · 문화 비교 연구-간판 매체 언어와 인터넷 매체 언어를 대상으로-. **한국언어문화학 제7권 제2호**. 국제한국언어문화학회.

이관규. 2007. **학교문법론**. 월인.

이기동. 1976. 한국어 피동형 분석의 검토. **인문과학논총 9**. 건국대학교 인문과학연구소.

이기동 · 신현숙 역. 1983, 1998. **언어학개론**. 한국문화사 (Crane, L. Ben, Yeager, Edward, Whitman, Randal L.. 1981. *An Introduction to linguistics*. Little, Brown).

이상춘. 1946. **국어문법**. 조선국어학회.

이숭녕. 1956. **고등국어문법**. 을유문화사.

이응백 외. 1998. **국어국문학자료사전**. 한국사전연구사.

이익환 · 권경원 역. 1992. **화용론**. 한신문화사 (Levinson, S. C.. 1983. *Pragmatics*. Cambridge University Press.).

이지영. 2006. 한국어 교육을 위한 문법 연구의 방향. **한국어문학연구 49**. 한국어문학회.

임홍빈. 1979. {을/를}조사의 의미와 기능. **한국학논총 2**. 국민대학교 한국학연구소.

정열모. 1948. **고급국어문법독본**. 고려서적주식회사.

주시경. 1910. **국어문법**. 박문서관.

최현배. 1937, 1977. **우리말본**. 정음사.

허웅. 1992. **우리 옛말본: 15세기 국어형태론**. 샘문화사.

Aarts, Bas. 2011. *Oxford Modern English Grammar*. Oxford University Press.

Bolinger, D.. 1977. *English Language Series: Meaning and Form*. Harvard University Press.

Chomsky Noam. 1957. *Syntactic Structure*. Mouton & Co..

Ethnologue Languages of the world : www.ethnologue.com

Leech, G. N.. 1974, 1981. *Semantics*. Penguin Books.

Mey, J. L.. 2009. *Concise Encyclopedia of Pragmatics* (online). Elsevier

Oxford Dictionaries Language matters : www.oxforddictionaries.com

Richards, I. A. and C. K. Ogden. 1989. *The Meaning of Meaning*. Harvest/ HBJ
 (Ogden, C. K. and Richards, I. A.(1923). *The Meaning of Meaning*: *A
 Study of the Influence of Language upon Thought and of the Science of Symbolism)*.
 Wikipedia.

Wikipedia Encyclopedia : www.wikipedia.org

ㄱ

한국어 특강 3

문법과 문법 교육

1쇄 발행 · 2014년 2월 28일
2쇄 발행 · 2015년 9월 20일

저 자 · 신현숙
펴낸이 · 한봉숙
펴낸곳 · 푸른사상

주간 · 맹문재 | 편집 · 지순이, 김선도 | 교정 · 김수란
등록 · 1999년 7월 8일 제2-2876호
주소 · 서울시 중구 충무로 29(초동) 아시아미디어타워 502호
대표전화 · 02) 2268-8706(7) | 팩시밀리 · 02) 2268-8708
이메일 · prun21c@hanmail.net
홈페이지 · http://www.prun21c.com

ⓒ 신현숙, 2014

ISBN 979-11-308-0192-6 94710
값 17,000원

◦ 이 도서는 2013학년도 상명대학교 교내연구비 수혜 저서입니다.

한국어 특강 3

문법과 문법 교육